# 中考热点作家

**深度还原考场真题，感受语文阅读题的魅力**
**一书在手，阅读写作都不愁**

## 自然课堂

### ——科学视角与绿色之美

杨文丰／著

中国出版集团有限公司

世界图书出版公司
WPC
上海　西安　北京　广州

图书在版编目（CIP）数据

自然课堂：科学视角与绿色之美 / 杨文丰著 . —
上海：上海世界图书出版公司，2024.4
（中考热点作家 / 李继勇主编）
ISBN 978-7-5232-1096-3

Ⅰ . ①自… Ⅱ . ①杨… Ⅲ . ①阅读课—中学—教学参
考资料 Ⅳ . ① G634.333

中国国家版本馆 CIP 数据核字（2024）第 043849 号

| 书　　名 | 自然课堂：科学视角与绿色之美 |
| --- | --- |
| | Ziran Ketang : Kexue Shijiao yu Lüse zhi Mei |
| 著　　者 | 杨文丰 |
| 责任编辑 | 魏丽沪 |
| 出版发行 | 上海世界图书出版公司 |
| 地　　址 | 上海市广中路 88 号 9-10 楼 |
| 邮　　编 | 200083 |
| 网　　址 | http://www.wpcsh.com |
| 经　　销 | 新华书店 |
| 印　　刷 | 天津市天玺印务有限公司 |
| 开　　本 | 700mm × 1000mm　1/16 |
| 印　　张 | 14 |
| 字　　数 | 174 千字 |
| 版　　次 | 2024 年 4 月第 1 版　　2024 年 4 月第 1 次印刷 |
| 书　　号 | ISBN 978-7-5232-1096-3/G·838 |
| 定　　价 | 39.80 元 |

# 前　言

随着语文考试内容的改革，阅读的重要性逐渐凸显出来。近年来阅读题的比重在中考考试中不断加大，阅读内容也越来越丰富，天文、地理、历史、科技等均有涉及；同时，体裁呈现多样化，涵盖散文、戏剧、小说、新闻等。文章涵盖面越来越广，意味着对学生阅读能力的要求越来越高。所以我们应该清晰地认识到，阅读能力的高低直接影响分数，如果阅读能力不过关，那么考试成绩肯定不会理想。

"读不懂的文章，做不完的题"一直是中学生面临的难点和困境。这就要求学生不能停留在过去的刷刷考卷、做做练习题，或是阅读一两本课外书的阶段，而是要最大限度地提升阅读能力，理解文章作者和出题人的意图，只有让学生进行大量有针对性的阅读，才是最切实有效的方法。

语文知识体系的构建和语文素质的养成，既需要重视课堂学习，又需要重视课外积累。那课外积累应该怎么做呢？高质量的课外阅读是非常有效的，这已经成为提升学生"综合竞争力"的有效手段。因此，我们策划出版了"中考热点作家"课外阅读丛书，为广大中学生提供优质的课外读物。

这套系列丛书共10册，每册收录一位作者的作品，选取了该作者入选省级以上中考语文试卷、模拟卷阅读题的经典作品，以及该作者未入选但适合中学生阅读的作品，帮助学生扩大阅读面，对标中考。书中对每篇文章进行了赏析、点评和设题，能够助力学生阅读，有利于提升学生的文学素养、答题能力和答题速度。

本系列丛书收集了在国内中考语文试卷阅读题中经常出现的 10 位"热点作家"杜卫东、蒋建伟、刘成章、彭程、秦岭、沈俊峰、王若冰、杨文丰、张庆和、张行健的优秀作品。这些"热点作家"入选中考语文试卷阅读题的作品多以散文为主，他们的作品风格多样，内容丰富，但都具有很高的文学价值和浓郁的时代气息。这些作品不仅对中学生阅读鉴赏能力和写作水平的提升有促进作用，还对中学生的生活和学习具有启迪和指导意义，我们相信这套丛书会受到广大师生的喜爱和欢迎。

新中考背景下的语文学习，阅读要放在首要位置。事实上，今后的中考所有学科都会体现对语文水平的考查。不仅是语文试卷增加了阅读题的分量，其他学科也越来越注重对学生阅读理解能力的考查。提升阅读能力是一项任重道远的工作，重在培养兴趣，难在积累，贵在坚持。只要持之以恒，一定会有意想不到的收获。

# 目录
CONTENTS

## 第三辑　本色南瓜

## 第四辑　微生灵笔记

# 第一辑

## 自然笔记

任何现象的发生，都如英雄横空出世，有难以取代的机缘。空间和人类社会，从来就没有仿如梦幻和童话意境的蓝空气；地球村，更没有长久的蓝色和平。笼罩地球的一片蓝，是阳光与空气精心协作的"魔术"。

【2012年江苏南京玄武区九年级中考二模卷】

阅读下面文章，完成下面题目。（13分）

# 根——胡杨的生命支柱

①胡杨之所以如此倔强，靠的是其拥有非同寻常的根，伟大的根。

②植物学认为，根，<u>从总体而言</u>，是植物长期适应陆上生活进化而形成的向下生长的器官。根以吸输水分、贮藏养分和固着主干，作为自己的"生命职能"。

③别以为所有的植物都有根。世界上只有五分之二的高等植物拥有真正的根，有些低等植物看上去似根的东西，其实并不具备根的构造，是假根。也别以为所有的根都隐藏在地表下，这地球上，也有植物的根以空气为家，更适合长在空气中，甚至有向上生长的根。根的家族，由主根、侧根、不定根、攀援根、支柱根、呼吸根和寄生根等构成。

④胡杨的根，以深扎、撑起一片生命的绿为自己的使命。胡杨的主根深可入土10米，侧根则宛如章鱼的触须，伸长范围可远达

30米。胡杨的根部细胞不会受到碱水的伤害，反而因其浓度较高而可从富含盐碱的水中吸收水分和养料。胡杨的根炼就了从深深的地层吸取和输送水分的能力，保证其生命常绿。

⑤胡杨从自己的根部直接萌生幼苗。由于根随水走，所以胡杨无形中就成了一种随河流走的植物，在茫茫沙海中顽强地生存着。沙漠的河流总在频繁变迁，呈脉状细线，因而胡杨的"足迹"在沙漠中相应也就呈现线状分布。所以，把胡杨的根称为"生命的航母"一点也不夸张。

⑥拥有强大根系的胡杨，一棵棵都是气宇轩昂的八尺男儿。当然，如果胡杨被断臂折腰，在断口处，会溢出一股清亮的液体，如同人的伤心泪，这就是著名的"胡杨泪"。胡杨泪经氧化、蒸发留下的白色（或黄色）结晶物，便是胡杨碱。胡杨碱是酵头发面，也是治胃病的良药。但是，"男儿有泪不轻弹"，只要没有来自人类的"飞来横祸"，自然生长的胡杨不会轻易流泪。坚强而生生不息的根，让胡杨以高傲的姿态笔直地向着高处生长。哪怕是沧海变成桑田，桑田变成沙漠，这伟大的根支撑着胡杨千年不死、千年不倒、千年不朽。

⑦作为胡杨生命支柱的根，难道不是其精神得以挺拔的根源吗？

（本文有改动）

**1. 填空，完成本文内容和结构梳理图。（3分）**

| 引出说明对象"胡杨的根"（①） | |
| --- | --- |
| 介绍植物根的功能和种类（②—a） | 作用一：吸输水分养料，撑起了一片生命的绿。 |
| 介绍胡杨树的根的作用b—⑥ | 作用二：_____c_____。 |
| 突出强调胡杨树根的作用⑦ | 作用三：拥有强大根系，让胡杨笔直向着高处。 |

a _____

b _____

c _____

2. 第②段中画线的"从总体而言"有何作用？（2分）

_____

_____

3. ⑤⑥两段顺序能否调换？为什么？（3分）

_____

_____

_____

4. 说说第⑥段画线句子的表达作用。（3分）

_____

_____

_____

5. 下列关于文章内容和写作手法理解有误的一项是（ ）（2分）

A. 世界上有些植物的根既不是生长在泥土中，也不生长在水中。

B. 第④段中列数字是为了具体说明胡杨树根系发达，吸水能力强。

C. 胡杨碱为白色结晶物，可做酵头发面，也是治胃病的良药。

D. 第⑥段写到"胡杨泪"可直接突出胡杨树根有着特殊的作用。

# 思念情结与巴山夜雨

本文主要围绕着"巴山蜀水的气候对李商隐写《夜雨寄北》是否产生了巨大的影响"这一主题展开。作者先对《夜雨寄北》这首诗进行了细腻的分析，指出诗歌中饱含了诗人的生活经验、情感体验和理性内容；接着围绕"理性内容"展开，提出诗人写诗的时候可能正好"独听巴山夜雨"的猜测，然后从情与雨的相似性方面进行论述；最后得出"《夜雨寄北》中的'巴山夜雨'之所以重复复沓，或许根本原因还是在于巴山多夜雨"的结论，照应了开头，突出了环境对诗人创作的重要影响。文章观点鲜明，思路清晰，是一篇兼容科学美和文学美的经典散文。

❶ 开篇以题记的形式表明巴山蜀水对李商隐写出《夜雨寄北》的重要性，进而突出了环境对写作具有重要的影响这一观点，起到了总领全文的作用。

① 倘若没有稠稠密密、重重复复落入巴山蜀水的夜雨，唐代诗人李商隐就不可能有巴山夜雨般缠缠绵绵的思念情结，更不可能写出字里行间巴山夜雨是如此淋淋漓漓、回旋反复、情意曲折、一唱三叹的绝句《夜雨寄北》。

——题记

## 1

❷ 直接引用李商隐的《夜雨寄北》，为下文对诗歌的分析作铺垫。

② 君问归期未有期，巴山夜雨涨秋池。
何当共剪西窗烛，却话巴山夜雨时。

这是我们都喜欢的唐代诗人李商隐的绝句《夜雨寄北》。③ 这首绝句不但凝聚了诗人既往的生活经验和情感体验，也蕴含着丰厚的理性内容。

❸ 提出观点，表明这首诗既饱含了诗人的生活经验、情感体验，又充满了理性内容，自然引出下文的解说。

"你问我何时归家，这还未能择定。"羁旅之感霎时跃然纸上。"巴山夜雨骤然降落，已涨溢秋池。"让人顿感纸上情结竟会与秋雨交织，淅淅沥沥。"何时方可归去，相依西窗共剪夜烛，却话巴山夜雨呢。"思念之情，期望之苦，似有些无奈，也有些期许，再次与夜雨相融，竟是绵绵密密，弥漫巴山。

《夜雨寄北》之奇，奇在纸上风景"巴山夜雨"竟淋漓淅沥重复两次。按照作绝句的常规，字与词重复总不算好，而此诗却因"巴山夜雨"的重复，反而淋漓得情意缠绵，意思曲折，一唱三叹，成为千古绝唱。

无论《夜雨寄北》是寄妻还是寄友，我以为其情感其实都是"思念情结"。思念情结两度情涉"巴山夜雨",大抵有三种可能:一是所怀之人当时在巴山;二是诗人曾与之在巴山共同生活;三是诗人写诗时正"独听巴山夜雨"。① 据李庆皋、王桂芝所著《李商隐全传》,诗人的确有巴山的"生活经验和情感体验"。

**❶** 以《李商隐全传》中李商隐在巴山生活中的记载为依据,支撑了作者的三种猜测,增强了文章的说服力。

## 2

诗人的思念情结采用巴山夜雨作比兴、渲染、映衬,与其说是神来之笔,毋宁说是言之成理的理性之举。

雨乃气象。《四角号码新词典》:"云中的小水滴或冰晶变成水点落下来叫雨。"② 雨如情,尽管可以感知,然却总有些流幻,难以捉摸;情亦如雨,人人可感,然谁又能抚摸其形象和质量呢。雨,其实本是水点,然世人总将之唱成是"千条线,万条线,落到河里都不见"的"线"。雨滴在落下时,看上去确实也幻同一线。虚幻的情与缥缈的雨,难道不具有某种联系吗?

**❷** "雨如情""情亦如雨",作者从情和雨的共同点解说了雨能自然勾起人们的情思的原因。

《夜雨寄北》的情景底色是伤感难言的冷色。雨给人的心理感觉多是凄冷的,尤其是秋夜骤然而至的冷雨。云中大量的水滴高高在上,互相碰撞,总想发展壮大。然而,愈壮大,云中的上升气流愈承托不住,终究只能落得个一落千丈、跌落红尘、无法圆满的下场。

③ 秋风秋雨愁煞人。

——秋瑾

**❸** 引用秋瑾的诗句来说明秋风和秋雨带给人们凄冷、忧愁的感觉,有力地证明了雨会自然引发人们凄凉的心境这一情况。

《巴山夜雨》流雨所及，传染得后世的诗人也多以雨寓情寄意，或干脆以雨作文，淅淅沥沥、绵绵密密、点点滴滴、淋淋漓漓、潇潇霏霏，文辞诸多清冷凄切。从蜀水巴山越过海峡饱受乡愁染浸的诗人余光中，不仅自听冷雨，亦劝人《听听那冷雨》，说是"大陆上的秋天，无论是疏雨滴梧桐，或是骤雨打荷叶，听去总有一点凄凉、凄清、凄楚，于今在岛上回味，则在凄楚之外，更笼上一层凄迷了"。

**❶** 采用科学化的语言来解说"情结"，增强了文章的科学知识性，使读者从理性上了解了情结的含义。

**❷** 照应前文"《夜雨寄北》之奇，奇在纸上风景'巴山夜雨'竟淋漓淅沥重复两次"的内容，并且从语言和修辞角度来分析其效果，可见作者对这首诗的理解非常深刻。

### 3

①所谓情结，是诗人的情感、意识对特定的事物所具有的定向性、专门性的关注，乃至抑郁难忘的状态。

②唯有一片深情郁结于心底，在言语表述之时，才可能表现出反复的咏叹;《夜雨寄北》在语言上使"巴山夜雨"出现亮闪闪的重复，敛约回环、叠加复沓，既是极为奇特的，却又是在情理之中的。

"巴山夜雨"既是巴蜀民间的流行话语，其实也是巴蜀气候的客观状况。"巴山夜雨"在现实中的"重复率"是极高的。我与巴山夜雨缘分甚深。我曾几度涉巴山蜀水，游重庆，走成都，上峨眉，访都江堰，谒乐山大佛，攀翠瓶山，登合江白塔，饮泸州老窖，天穹下那一起一伏的巴山，恰如牛群静卧，黝黑腴润，似重云，而且蕴满凄迷夜雨。在蜀地客居的日子里，我也曾在枕上听过频繁的巴山夜雨。春夜，那"雨打梨花深闭户"的意境洁白、绵阔、静美。而夏夜,夜宿峨眉客栈,也曾听过阶前滴沥。

① 我国的其他地区,夜雨日数远没有四川盆地的多。——四川盆地何以这么多夜雨呢?这是因为四川盆地可以降夜雨的云多。四川盆地里的空气比盆地外邻近地区的要潮湿,如此富含水汽的空气,袅袅乎、飘飘乎升空就会成云。

而巴蜀的夜云又何以特别容易致雨呢?《气象》一书对这个问题已有很好的说明,不妨援引如下:

② 在四川盆地,夜间,云层对地面有保暖作用,而盆地一般又较少刮大风,地面和云下具有较高气温的空气,便较难与外界交流,因而使得夜间的云下气温不至于过低。可是,云层本身却善于辐射散热,上层的云层由于不断向上方空间辐射散热,温度降低很快,当云中水汽丰盈的空气上下层之间的温差大到一定程度时,空气就会出现上下对流。一旦上升气流再也托不住由于对流碰撞而发展壮大了的云中水滴时,雨,便跌落巴山了。

据气象统计,四川盆地的重庆一带,潇潇夜雨竟可占年降雨日的六成;峨眉山夜雨可占年降雨日的七成。李商隐当然不可能明白——在作诗前也不一定得先明白——"巴山夜雨"的形成原理及巴山何以会多夜雨。③ 看来,绝句《夜雨寄北》中的"巴山夜雨"之所以重复复沓,或许根本原因还是在于巴山多夜雨的"情况",已深深地驻留于诗人的潜意识,恰好又碰上了对应的情境,于是,便径自而出,诉诸文字焉。

❶ 运用作比较的方法,突出了四川地区夜雨极多的现象,而这恰好也是李商隐在《夜雨寄北》中反复咏叹"巴山夜雨"的一个原因。

❷ 直接引用《气象》一书中关于巴山夜云形成的原因,增强了文章的科学性和说服力。

❸ 得出结论,指出诗人在《夜雨寄北》重复"巴山夜雨"的原因是蜀地夜雨多的情况已经根植在作者心中,使诗人忍不住反复吟唱,与开篇的题记内容相照应,突出了环境对诗人创作的重要影响,使文章观点更加鲜明。

作为诗国的后人，我们真该感谢诗人李商隐，感谢他令纸上风景"巴山夜雨"，至今滴滴答答、湿润人间、濡泽心灵……

## 延伸思考

1. 诗歌《夜雨寄北》之奇，奇在何处？分析该奇特之处有何作用？

_____

_____

2. 这篇散文具有科学美与文学美，试分析其科学美体现在什么地方，文学美体现在什么地方？

_____

_____

3. 作者在分析《夜雨寄北》的思念情结两度情涉"巴山夜雨"时，提出了三种猜测，你认为作者更偏向于第几种猜测？试分析。

_____

_____

# 以独家风格凸现艺术感受

## ——赏读林风眠先生的画

名师导读 ▶

　　本文是作者欣赏林风眠的画作后的观后感。文章以题记方式提出了"风格即艺术的生命"的观点；开篇交代"我"获得了林先生画册；然后阐释艺术家与艺术风格的关系；最后以《水上》《秋鹜》《秋艳》《静物》《伎乐》《小鸟》《渔舟》《夏》《春》等画作为例进行具体的赏析，既展现了一幅幅生动的画面，又突出了林风眠绘画的风格，使读者更深刻地感受到了艺术家与艺术风格之间的紧密联系。

　　① 风格即艺术的生命。

——题记

　　我非常喜欢美术大师林风眠先生（1900—1991）的画。多年前，曾在书店觅得一册收集了林先生代表作的画册。

❶ 以题记的方式来突出艺术风格对于艺术作品和艺术家发展的重要作用，明确了文章主旨。

11

每读林先生的画，我总会反复揣摩，总是陷入深长的思考。

我总是想，作为一个艺术家，艺术风格的重要性，是应该提高到立身之本的高度来认识的。不论任何艺术品类，我以为风格就是特色，风格就是质量；①倘若作品没有鲜明的艺术风格、独树一帜的风格、他人无法取代的风格，即便再轰动一时，再洛阳纸贵，也没有可能成为经典作品，不可能有长久的生命的。

然而风格，却又是基于艺术感觉的。艺术感觉，神秘如佛。就我从事的自然生态写作来说，艺术感觉无疑被我视作行文的必要条件。我也认为唯有艺术感觉鲜明凸现的散文，才是有散文味的散文。②诚然，艺术感觉与艺术家的先天禀赋有关，与个人追求有关，也与后天的学习和艺术实践相关。

林风眠先生早年留法，他尊重中外绘画和民间艺术的优秀传统，极力反对因沿袭前人风格而墨守成规，主张东西方艺术要互相沟通，取长补短，以自己民族文化作基础而发展新的中国艺术。

在他的艺术生涯中，既认真研习西洋画法，也对中国传统绘图，如隋唐山水、敦煌石窟壁画、宋代瓷器、汉代石刻、战国漆器、民国木版年画、皮影等，对中国文学、音乐等艺术营养，也深入吸收，以充实和灵敏自己的艺术素养和感觉，从而建构起注重技巧，强调真实性与装饰性的统一，尤其注重个人艺术感觉在作品中的强化，体现出东方意境神韵的独特的风格。

③我认为香港《文汇报》对林风眠作品的评价："熔

**①** 以假设的方式来阐释鲜明的艺术风格是艺术作品成为经典的关键因素，进而突出了艺术风格的重要性。

**②** 此句指出带来艺术感觉的因素包括艺术家的天赋、艺术家的个人追求、后天的学习和艺术的实践，起到了引出下文的作用。

**③** 引用香港《文汇报》对林风眠作品的评价来突出林风眠作品融汇中西文化传统，具有独特画风的特点，增强了文章的说服力。

中西文化传统于一炉，创造出个人独特画风，蜚声国际艺坛。"可谓一语中的。

多年前我读林先生的画，曾做过好些艺术札记，今不揣浅陋，兹录以下：

## 一、《水上》（1957）、《秋鹜》（1961）

"对芦苇有难解的感情。"（艾青：《彩色的诗》）这是林风眠先生笔下常见的芦苇，这难道不是个性独特的芦苇吗？这一丛丛独立苍茫的芦苇，皆是有思想的芦苇吗？芦苇的清音，总能在人生的江边惬意地吹响吗？

林先生对秋鹜也有难解的感情。两帧风景里，竟都有"迎风疾飞的秋鹜"，居然都是自右向左疾飞，这是偶然，还是巧合？

一秆秆风中的芦苇，一只只疾飞的秋鹜，黑沉沉的江岸，黑压压的云团……谁能忘得了那个特殊的年代：凄冷冷的色调，沉郁郁的氛围。

我有幸与林先生是客家同乡，那年夏天，我站在林先生肯定伫立过的故乡粤东梅州市梅江河岸边，并未见有芦苇成行，也不见故乡的天空有秋鹜疾飞……

## 二、《秋艳》（年代不详）

结构被简化了的农家屋，三两座，色彩写意，层次单纯；钻天树八九棵，一树一色。① 色彩装饰了所有的画面空间，不似国画总要"留白"，构图虽然是密不透风，竟不至于让人感觉局促。如此以明亮的色彩，

❶ 采用作比较的方法，将林风眠的画与国画"留白"进行比较，突出了前者色彩饱满的特点。

在强烈中显示柔和，单纯中蕴含丰富的表现，真是既对立又统一。

当然，尽管如此的构图包含甚多西画元素，却已为林先生"拿来"，已带着被林先生消融过的印象派的写意，更内蕴中国水墨画的写意，这教我明白，在林先生的笔下，写意总是与装饰连在一起的。

哦，这可是吾乡客家屋前的一口池塘哪，清清的、浅浅的，贮满了浓浓的色彩的秋！

秋，故乡粤东的秋，显然也是色彩丰富的秋，也可以是写意的、富于装饰性的秋……

## 三、《静物》（年代不详）

**❶** 采用白描的手法来写《静物》的画面内容,言简意赅,突出了主要事物。

① 静的窗前，置一插花瓶，一盘果子，一只古瓷瓶。花、果、瓶、窗，形体皆以流畅如水的线条勾勒。古瓷瓶上的纹饰，更是洗练、单纯，又趣味十足，如此的杰作，真是得了远古陶器动物刻饰画之神韵。

由繁入简的笔法，莫非得力于胸有成"画"的"画心"乎？

## 四、《伎乐》（年代不详）

**❷** 从外貌、动作和神态来描写画作《伎乐》,语言细腻、生动,使画面栩栩如生,跃然纸上。

② 一泥色皮肤的女子，盘腿席上，体微后仰，正凝神吹奏长笛。席上，另一同样泥色皮肤的女子，形神与之呼应，在拈花微笑，在斜身静听。如梦的衣裙，柔如溪水，轻如清风。

片状而平面的色块，简单而明朗的构图，装饰与表现的映衬,中西画风的融通,融汇成一曲色彩的情歌。

## 五、《小鸟》( 1958 )

14 只小鸟,都是灰而扁的身体,淡而黄的牙嘴,还一只只戴着黑帽子。

小鸟独静秋林啊,不,其实此"林",只不过是小鸟们半蹲半立的三四枝枝条。

①还是鸟儿单纯、快乐啊,可以独立秋枝,群体休闲。

林先生笔下的鸟,笔下的林,与其说是表现物象,毋宁说只提供了物象的暗示符号。

有暗示,才有联想;有联想,才有艺术;有艺术,才有品头。

❶ 作者写出自己的心理感受,侧面突出《小鸟》画面十分灵动,感染力强。

## 六、《渔舟》( 1987 )、《渔舟》( 年代不详 )

同题画《渔舟》两帧:②皆空舟不见人,艺术鹭鸶在,仿佛可闻鱼鹰抖动翅膀之声。画面是中国画大写意的笔墨,形式却如西画,竟能突出中国民间装饰画的趣味。画里的那些舟子、鱼鹰、岸山、沙渚,可谓形象简洁,意在笔先。

那年我游桂林,我曾认真寻觅过林先生笔下的那些鱼鹰,桂林几天下来,好不容易在漓江边发现两只,然却脚上紧拴长绳,一样泰然自若,目中无人,自自在在地供游人拍照。

只要读一读流溢在鱼鹰和芦苇上的炽烈感情,就

❷ 运用联想的手法,写仿佛可以听到鱼鹰抖动翅膀的声音,侧面突出《渔舟》画的逼真,也说明"我"对这两幅画的印象深刻,为下文"我"游桂林时认真寻找鱼鹰的行为作铺垫。

可知鱼鹰和芦苇是林先生擅长表现的题材，酷爱表现的题材。何谓自由创作的含义？这就是吗？

## 七、《夏》(1985)

夏，原来是裸女。

读《夏》，我总会莫名地想起诗句"春在江南荠菜花"，不知是何原因？

胆敢以如此的裸女暗示夏，乃绝活。何也？①夏热，热的极致，是女子一丝不挂，这只是在纳凉吗？匠心独运，又可理解。

肉质黄皮肤黑头发黑眼睛，是很有些印象派遗风。

同样是丰乳肥臀，却纯纯净净，何见色情？……

**❶** 解说为何用裸女来展示"夏"的主题，突出了林风眠画作匠心独运，与生活联系紧密。

## 八、《春》(1977)

②春姑娘一到，地上就连插一支筷子也会发芽。

画面柳两行，当然是全然已绽叶的，不，乃笼烟的。可柳烟本来是清一色的淡绿，柳枝在春天里本就该纯湿的、纯暗的。如此一想，客观的春柳笼烟与林先生的主观笔法真是太相似了——太相似，其实反而难于突出林先生的艺术风格，反难表现林先生的"人气"。这个问题很有些美学意蕴，甚值得研究。这画虽是好画，然却并非先生的上品。

倒是速写的这一只疾窜的鸭子，略笔草草，单单纯纯，竟是很能活现林先生的艺术风格，我说的当然不只是鸭子给画面带来了明显的动感。

**❷** 夸张的手法，突出了春天勃勃生机的景象，自然引出下文对画面中柳条的描写。

# 延伸思考

1. 读第 4 自然段，找出艺术感觉与哪些因素有关。

_____

_____

2. 文章不仅观点鲜明，逻辑思维严密，语言也非常具有特色，品读下列句子，并简单赏析。

（1）一秆秆风中的芦苇，一只只疾飞的秋鹜，黑沉沉的江岸，黑压压的云团……谁能忘得了那个特殊的年代：凄冷冷的色调，沉郁郁的氛围。

_____

_____

（2）有暗示，才有联想；有联想，才有艺术；有艺术，才有品头。

_____

_____

3. 品读文章最后一段，谈谈你的理解。

_____

_____

# 自然笔记

名师导读 ▶

《自然笔记》用生动、准确、富有哲理的语言为大自然做笔记，同时讲述人类相关的行为，提醒人们关注和了解自然，进行自我反思，掌握与自然相处之道，进而保护自然，维护生态平衡。本篇将科学性、文学性、哲理性融为一体，为人类认识与理解自然文化开辟了一条新的途径。

❶ 开篇描述宇航员在太空俯瞰地球时见到的场景，解释了为什么叫蓝地球。

❷ 针对自然现象发表观点，指出任何现象的发生都需要难以取代的机缘，使文章具有哲理性。

自然是精神的象征。

——［美］爱默生《自然沉思录》

## 蓝地球

① 宇航员在苍凉的太空，可俯瞰到一片景象：我们亲爱的地球母亲，笼罩在一片祥和、辽阔、艳丽的蔚蓝色中。

② 任何现象的发生，都如英雄横空出世，有难以取

代的机缘。空间和人类社会，从来就没有仿如梦幻和童话意境的蓝空气；地球村，更没有长久的蓝色和平。笼罩地球的一片蓝，是阳光与空气精心协作的"魔术"。

温泉般汩动的、往地球泼泻的阳光，总要与拥抱、呵护地球的空气邂逅。人类的家园——蓝地球空气茫茫，没有芳草连天、梨花千里的纯洁。[①] 不同波长的、特定的七色光波汇聚成阳光。波长较短的紫、蓝、靛等色光，在地球大气圈上层，一旦"遭遇"空气中的尘埃、冰晶和水滴等微型物质，必将"共时性"地发生类似于故居檐下雨水滴石、水花四溅式的散射、漫射，这现象，在宇航员眼里，便成了笼罩地球的奇特的蓝。

我们一直喘息在苍茫、绵厚的空气之底。暴风雨霁，我们的头颅之上，总能高悬一片穹庐似的、蔚蓝色的天空。这天穹，像安谧的、柔软的、能给人以无限怅惘的湖。在光天白日里，无论何人，都希冀能平等地生活于和平宁静、碧蓝如洗的天穹之下。倘若后羿不多事射日，众多的太阳，倒也能很匀称、很公正地团结、"悬浮"在以地球为核心的周围，其结果就是，在联袂环绕地球、长带飘飘于寒界的仙人们看来，我们的家园，就果真是一个蓝地球了……

## "晨昏线"寓言

全人类和其他生物所依恋、拥抱的地球，总是同时承受着白天和黑夜，以太阳为中心，自西而东旋

① 用科学化的语言解说"笼罩地球的一片蓝，是阳光与空气精心协作的'魔术'"，增强了文章的科学性，起到了科普的效果。

**❶** 将地球比作农民，指出其现实、谦和、质朴、具有忍耐精神的特点，体现了作者对地球的热爱和赞美之情。

转，风雨兼程。① 地球，是一个具有农民式现实、谦和、质朴及忍耐精神的球体。白天与黑夜在地球表面上的交界线，气象学上称为"晨昏线"。晨昏线，忠实地做着与地球反向、同速的运动。民谚："三十年河东，三十年河西"。晨昏线过处，无非是白绸缎刚刚飘然过去，黑披风就急急拂面而来。沧海桑田，云去云飞。黑夜和白天，对自己体下的江山万物施行着轮回式的恩泽与压迫。

寓意犹深的是，地球并不是一只裸球，地球穿着一袭绵厚、无色且流动的空气霓裳，高级动物和其他生物，日日夜夜，全出没在宛若虚幻的空气里。阳光打在空气上，难免发生漫射、散射，因而，在毗邻晨昏线光暗交界的区域，光亮总是毫不留情地占领一些本属黑暗的疆域，尽管这个疆域一如善恶交汇，明暗模糊，却总显现着蕴藉和幽远。晨昏线，表明光暗的分庭抗礼自始就不是平分秋色。况且，在晨昏线一侧，在阳光与地球的"切线"上方，亦是底压黑暗、辽阔、厚实的光亮和辉煌。

**❷** 这里把"晨昏线现象"比作"宇宙背景上的一篇'大散文'"，突出了晨昏线笼罩的范围广泛、线条随性、场景优美，又使人充满情感体验，能够感受到人生哲理的特点。

② "晨昏线现象"够得上是宇宙背景上的一篇"大散文"。晨昏线所呈现的大境界，确是小小寰球上任何人文和自然境界都无法比肩的。在晨昏线现象面前，人类自鸣得意的一切，不过是杯水风波式的"小女人散文"。晨昏线现象大白于宇宙的社会意义更在于：太阳的光辉顶多只照得半个多地球。"光中也有暗，暗中也有光。"光明的底下是半个光明圆弧面，黑暗的底界则是半个黑暗圆弧面。光亮是抚摸、拥挤着地球前进的，

黑暗也不是高兴、失重式窜逃的。光明（黑暗）在地球的这一面，黑暗（光明）在地球的另一面。光明（黑暗）在此处若是败退的，黑暗（光明）在彼处就是凯旋的。但是，只要地球的生命之树常绿，只要地球还有能力自转，光明就会永恒地大于黑暗。

## 包容一切的空气

她很诗化，抽象得像光，缥缈得如雾，漂泊得似水。她深远、宽阔、无色、无味、透明、单纯、空灵。她的脚步，虚幻飘忽、无影无踪。你看不见她，尽管她有重量，更有形体，本非虚无。你用手抓她，先一握，再一拧，满以为抓住了，而你的手中，却依然虚空。

她和你密不可分：她中有你，你中有她。

① 她成了地球飘拂的帐幕，包围、密拥着整个地球。

她是古老的，远胜于陶罐、甲骨文。当星尘凝成的地球，还是一团疏松时，她就里里外外地存在、开放、更新和发展了。她感受着时序的运转和变化，品味着尘寰的沧桑与凉热……

她同时又是年轻的，年轻得像一只方蠕出蛹壳、飞入苍茫的蝴蝶。她因流荡而朝气蓬勃，生命得以永恒；她以吐纳而生机旺盛，胸襟永驻春天。

她永远是那么勤劳，勤劳得像云水间的园丁。她乃众多气体的家园。她吸收、散射、漫射和屏障了大量的宇宙射线，送下界以一片祥和的蔚蓝。② 她储存海上的甘霖，输给苦旱的陆地。她将赤道的热浪，吹

❶ 将空气比作地球飘拂的帐幕，用拟人的方式写其包围、密拥着地球，生动形象地写出了空气轻盈、包裹住整个地球的特点。

❷ 使用一系列动词将空气对气流、雨水、风、植物、动物、庄稼的作用展现出来，突出了空气的重要性，语言一气呵成，增强了文章的感染力。

进冰雪的两极。她的先锋队——风,展开空茫中的彩旗,她吹白十里梨花,芳馨春燕的双翼;她拂过希望的田野,将秋天震颤得金黄。包容一切的空气,柔软的湖水,缘她而泛起梦似的涟漪;蒲公英种子,因她而摇荡在流光的天空;她是生命的仓库,给万物以无尽的滋养。没有她,飞鸟不能展翅盘旋;离开她,白云无法悠悠飘行。她叫新生活的画家蘸起太阳般燃烧的色彩;她让辛勤的舞蹈家有了比风更轻的追求。白云、虹霓、佛光、海市、春雷、冬雪、夏雨、秋声、飞船、海河、原野、飞鸟、蜜蜂、胚芽、叶绿素、落叶、艺术和梦,都是她怀中或虚或实的创造。天空和大地,缘她而充满了生命的轰响和辉煌。

或许,她是永恒的流浪者,她才如此地热爱我们共同的绿色家园——地球。<sup>①</sup>没有她,生命将停止呼吸,火将停止燃烧,物质将不会被氧化……我们的地球,将会是一片荒凉和死寂……烈日里,地球升温成火球;月光下,地球降温为冰蛋。没有空气,一切都将是虚无。好在她无孔不入,无处不在,善解物意,随物赋形。

她的胸襟早就不止于包容一切,她<sup>②</sup>"统一了黑暗和光明,统一了寒冷和温暖,统一了阴电和阳电"(高士其:《天的进行曲》)。

她的一切,都来自自身的平凡。在她的领地,最美好、最基本的品格还是平凡。她平凡到了极致!

<sup>③</sup>微尘的极致是土地,河流的极致是海洋,星辰的极致是星系——平凡的极致是伟大!她是平凡的伟大,伟大的平凡。

❶ 三个"……将……"的句式形成排比,增强了文章的气势和感染力,突出了空气对生命、火、物质等的重要性。

❷ 引用高士其科学诗《天的进行曲》中的诗句,增强了文章的科学美,同时突出了空气包容一切的博大胸怀,表达了作者对空气的赞美之情。

❸ 以"微尘的极致是土地,河流的极致是海洋,星辰的极致是星系"为例子来阐释平凡和伟大的关系,具有相对论的特点。

她是平凡而伟大的象征……

## 蒲福风级

① 风的级别，可用海陆之上自然景物的"表现"予以表达。

海平如镜，"大漠孤烟直"时，谓无风，抑或 0 级风。海船轻摇，炊烟刚刚可表示空气动向，为 1 级风。软风，乃是慵懒得好似美人的风。

乘 2 级轻风，帆船可每小时风行 2 公里至 3 公里，陆地树叶儿轻摇。

海船微显簸动，树欲止而枝动摇，刮的是 3 级微风。微风，即文采未随风而逝的散文家苇岸在《立春》中写的"能够展开旗帜的风"。

和风（4 级风）起兮船涨满帆，行船非左倾则右倾，地面飞尘走纸。

5 级风亦名清劲风，虽清劲，帆却得下半杆，内陆湖面水波荡漾。

强风浩荡，秦皇岛外打鱼船，一片汪洋都难见，缘于为减少受风面积，风帆已被艄公放下。看苍茫大地，细树摇晃，电线呜呜，人在雨中行而撑伞维艰，此时乃 6 级强风焉。至若沧海茫茫，白浪滔滔，世人迎风行而不便，树木根不动而全身摇，此时已是"知劲草"之疾风也（7 级风）。8 级风就是大风焉，② "大风起兮云飞扬，威加海内兮归故乡。"可见刘邦功成名就后的凛凛威风。

❶ 这句话的意思是可以通过海陆上的自然景物的变化来判断风的级别，起到了总领下文的作用。

❷ 引用刘邦《大风歌》中的名句，描绘了大风刮起时云朵被吹散，海水翻腾的景象，说明 8 级大风的威力，令人震撼。

烈风（9级）来时，屋瓦挪移，汽船航行维艰。万一狂风（10级）呼啸，汽船行动便有危险矣，大树起拔，农舍倒塌。至若暴风（11级）来时，汽船航行便愈加危险，幸好陆上暴风骤雨尚少，否则人寰楼宇损毁大焉。

风进入12级，就成了飓风。**①**多年前读过一幅油画叫《九级浪》，画中那竖壁般的巨浪，描摹的就是飓风情景。飓风起兮白浪滔天，海上船只倾覆，人或成鱼鳖。好在泱泱大陆，罕见飓风。

将风力分作12个等级，是英国海军大将蒲福的伟大创造，这已是发生在公元1805年的事。"蒲福风级"具有模糊性。近代以降，随着气象仪器的出现，气象学家遂想将仪器所测风速与蒲福风级配套，几番风中行动，才编出一套将现代性与传统性相结合的蒲福风级表。根据风况，还将蒲福风级增延了5级。

**②**人类社会原是一个等级森严的社会。人类社会一直风声不断，而且新的级别，依然在流动产生。我们界定人类社会和自然风物的级别，无非是出于功利。技术在本质上就是最大的功利。技术的历程，就是人类深一脚踩上"理想"，浅一脚陷入"泥淖"的过程。

# 位　置

母校南京气象学院南侧耸动着一脉龙王山。龙王山的世界，是松树唱主角的世界。那几年，江南的油菜花一度成为原野黄黄的喟叹，在龙王山上跑步、散步和做物候观测，就成了我的日课。我发现，以山脊

**①** 描写《九级浪》的画面内容，使读者更为直观地了解了飓风来临时的可怕场景，起到了警世的效果。

**②** 由风的等级划分联想到人类社会的等级制度，升华了主旨，体现了作者对人类功利性划分等级制度这一现象的批判之情。

为界,山南山北松树的生长状况迥异:山南者普遍高大、茂密,山北者多矮小、稀疏。即便同一棵树,南、北的枝叶和皮相也相应地有厚薄差异。① 年轮,是树干上每年形成的细胞集合体,是"树心"对一去不返的悠悠岁月的圆形备忘录和木结构式的怀念。年轮,新年圈旧岁,层次分明,形同一石投湖而激发的那组起伏不断的同心水圈。拂去岁月的苍茫,阅读龙王山树桩上的年轮,我还发现,南部的一般都宽大、圆柔,北部的相应地都会窄薄、硬实些许。年轮之所以被视作气候变迁、尘寰寒热的活档案,完全是由坡南或坡北的光照、气温和湿度状况决定的。

② "自然社会"实在是很富谕示意义的。对于一棵树,生于山之南北,大可以是一阵风或一只鸟很不经意的作为,却会锁定这棵树一生的"社会"位置和生活境遇。正所谓"出身不由己,位置无选择"吧……

## 黄花雨

民间话语和文学作品里,都有过形形色色的雨。实际上,春夏秋冬,雨不外两种:一种是正常的雨,另一种则是略显异常的雨。

③ 公元 55 年,今河南开封下过一场"谷雨",不计其数的稻谷随着暴风雨自天而降,百姓不亦乐乎,匆忙自扫门前"雨"。1745 年,西班牙降了一场"橙雨",一只只橙子,随雨跌入夜,砸地响闷声。1940 年,苏联高尔基州麦什契尔村,黄花雨竟曾飘落一场"银币

① 采用作诠释和打比方的手法来阐释年轮,"细胞集合体"是从科学角度讲解年轮,具有科学色彩,而"悠悠岁月的圆形备忘录和木结构式的怀念"这一比方又充满了文学色彩,两者结合生动形象地说明了年轮的概念和作用。

② 借树喻人,借树种被风或鸟带到一定的位置后,就只能在这个位置生存的情况喻指人的身不由己和位置决定生活状态的现象,体现出哲理的思考。

③ 列举河南开封下的"谷雨"、西班牙降的"橙雨"、苏联高尔基州麦什契尔村飘落的"银币雨"、圣迭戈尔普降"鱼雨"等事例,生动形象地说明了自然界会下"怪雨"的事实,增强了文章的趣味性和说服力,激发了读者的好奇心,自然引出龙卷风的话题。

雨"，老天爷把几千枚中世纪的银币白白降送给了当地村民。不久前，美国的圣迭戈尔竟然普降了一场"鱼雨"，滂沱大雨夹带着非死即活的沙丁鱼和小鳕鱼，随风潜入夜。诸如此类的"怪雨"，在气象学家看来，无非是龙卷风的"杰作"。龙卷风，是一旋转迅猛的空气旋涡柱，其形状就像一条自云层伸下的硕大的象鼻子。"象鼻子"的卷吸力可非同一般，能够很轻易地就卷吸走一幢大楼。所谓"银币雨"，该是龙卷风将古墓里的银币吸纳入空，御风而行，自天而降所形成的"资本转移"。

人们对若明若暗的事物，都有着秦淮寒水烟笼雾罩的朦胧和迷幻。唯有科学，才是拨开迷信、迷幻和误区的神剑。

## 延伸思考

1. 为何地球被称为"蓝地球"？笼罩地球的奇特的蓝是什么？

_____

_____

2. 结合具体例子，谈谈"如今地球'蓝'的已不是那么纯了"的现象。

_____

_____

3. 本文的语言可谓集科学性、文学性和哲理性于一体。品读下列语言，按要求赏析，感受文章语言的魅力。

（1）空间和人类社会，从来就没有仿如梦幻和童话意境的蓝空气；地球村，更没有长久的蓝色和平。（分析两个"蓝"字的含义）

_____

_____

（2）晨昏线，表明光暗的分庭抗礼自始就不是平分秋色。（从修辞手法的角度赏析）

_____

_____

# 啊，阳光

**名师导读** ▶

　　作者围绕着"阳光"展开行文，先写阳光普照大地的壮美景象和温暖的感受；接着用科学化的语言说明阳光的波长、光谱、折射、散射、运动、光合作用等知识，丰富了读者的科普知识；与此同时，加入相关的小故事，增添文章的趣味性；行文过程中，作者采用了比喻、拟人、回环、象征、反问、联想等手法，使文章的语言变得更加生动、优美，富有美学韵味和哲理性；再加上直接抒情的方式，直观地表达了作者对阳光的热爱与赞美之情，使文章充满了抒情性。因此，本文是集科学性、抒情性、美学性和哲学性于一体的绝佳散文。

让我的爱情，像阳光一样，

包围着你

而又给你光辉灿烂的自由。

——［印］泰戈尔《流萤集》

# 1

亮亮光光、白白茫茫、汩汩汤汤——这是遥远的父亲般的太阳，正大面积地使劲朝我们泼来阳光。① 我感觉已恍如庄、惠在濠梁上理论过的一尾鱼，顺流而下。流过去了，庄周寓言。游过去了，传统云烟。很光亮，的确也是汩汩汤汤、白白茫茫。这是人生难得、非常真实而又非常可爱的阳光啊！阳光，是太阳发射的能引起视觉的电磁波。阳光的可见光波长范围一般在 400 纳米到 760 纳米之间。

"光，从一个方面说是波动，从另一个方面看是粒子！光，是有两张面孔的罗马门神雅怒司：'横看成岭侧成峰，远近高低各不同'。但是这片朦胧、这头双面兽没有迷惑住科学家，使之满足于'不识庐山真面目，只缘身在此山中'！终于，从粒子说里海森伯等人发展了量子力学，而从波动说里薛定谔开创了波动力学，从而开拓了 20 世纪物理、数学、科学和原子电子技术的新纪元！"（钱定平：《妙哉朦胧！美哉朦胧！》）

② 我之生犹同一尾古鱼的幻觉，完全在于阳光似水。我捉不住阳光，然阳光却很真实也很实在地正轻轻打在本人的脸上。

阳光也轻轻地打在你的脸上。阳光散发着你故乡秋后田野火烧土似的、热烘烘的男性气息。阳光有些模糊地嬉笑着，追逐着。普鲁斯特在小说里写到，阳光照进百叶窗时，百叶窗像是插满了羽毛。阳光是牛奶般的发光的、羽毛蓬松的团队，更似大面积、半透

❶ 化用庄子与惠子游于濠梁的典故，增强了语言的文学色彩，引人联想。

❷ 采用联想和想象，将自己想象成一尾鱼。阳光如水，到达了物我相融的境界，突出了阳光对于"我"的重要性和"我"沐浴在阳光中的愉悦心情。

亮的磨砂光幕。阳光还是天地间贮满浮流的空气般的粗糙黄金。阳光汇合了花束、林间的香气和汉堡包的味道。阳光拥抱着你，镀得你周身明晃晃。博尔赫斯说："水消失于水。"阳光，一队队，失落在草上、山上、水上、摩天大楼上，漫漶而泛黄。阳光依然轻轻地打在你的脸上。"我们的生活充满阳光。"我们的头顶确实阳光明媚。

我希望，阳光永远能以太阳为中心，向四面八方，向宇宙空间的浩瀚和苍凉传播。宇宙渺渺茫茫，又有几多阳光，未曾打上地球的脸，更未打上你我的脸呢……

## 2

**❶** 讲述牛顿发现"光谱"的故事，增添了文章的趣味性，同时使读者更易于认知合成阳光的颜色，丰富了科学知识。

**❷** 这句话的意思是当人们不了解某个科学现象时，会对其充满好奇心，产生丰富的想象，为这种现象增添神秘而美妙的感受，但是一旦被科学家揭示其奥秘后，就会变得索然无味。

①1666 年某个黄道吉日，伟大的物理学家牛顿，让一束白晃晃的太阳光透过三棱镜，投射到对面的白色大屏幕上，霎时，物理学史上一个神奇的物理现象产生了：屏幕上展现的，竟是一条按红、橙、黄、绿、青、蓝、紫颜色排列的色带，那颜色，活脱脱就像雨雾弯悬西天的彩虹。牛顿将眼前这一条光色彩带，命名为"光谱"。出自拉丁文的"光谱"一词，本意为"幽灵"。牛顿何以这般命名？恐是出于一朝窥见自然奥秘的敬畏与惶恐吧，我想。宇宙沧桑，天道无情。②科学规律，在未被人类发现之前，犹同未揭开面纱的神秘女郎，一旦面孔赤裸，素面朝天，其后的路，就渺渺茫茫，凶险难测。而这个著名的阳光色散实验，其所产生的科学与人文效应，确实也并非只让世人明白：

阳光，只是由多色光所混合组成的复色光而已。

人们对阳光下颜色的感受，真有些像美学家朱光潜先生主张的主客合一、移情作用的美学感受。不是吗？绿草茵茵，是因为草的主要成分叶绿素反射了特定波长的光，而吸收了其余波长的光，而反射的特定波长的光在我们的眼睛看来，是绿色的。秋草何以苍黄，原理与之类似。极光，虹影，彩云，峨眉佛光，孩子嘟起小嘴吹飞的肥皂泡……这一切，五彩迷离，缤纷璀璨，皆来自阳光的色光流变。

"日出江花红似火""日落西山红霞飞"，让我们感受温暖如春；阳光点染紫罗兰，秋来江水绿如蓝，却多少使我们心生暮秋的悲凉。

## 3

牛顿的"光谱"理论，仿佛科学和艺术合一的一口仙气，吹醒了西方一大批富于才情的画家，突然为他们打开了艺术新世界的大门。[1] 这些艺术精英，蘸着阳光作画，激情燃烧，才华横溢。他们解放思想，将阳光的色彩，大胆地调和、强化，再重重地敷在、倾泻在画布上，风起云涌。19 世纪 70 年代，法国画家莫奈创作了划时代的油画《日出印象》，画面一反传统，色彩艳丽、光色迷离，简直活化了"光谱"理论——辣妹一般的印象画派诞生了！莫奈更是宣称："每一幅画的真正主题都是光。"他将画架从画室搬迁到了户外的艳阳下。露光流转、色泽闪烁。以马蒂斯为代表的

❶ 画家们在光谱原理的启示下，灵感涌现，创作了许许多多经典画作，体现了阳光对美术的深远影响。

野兽派，则以集团式的画作，前呼后拥、狂歌阳光。高更认为，阳光的色彩，斑斓丰富，简直就是无声的语言，可以唤醒内心热乎乎的反响。赛尚还发现暖色可使画面突起，冷色能教画面陷落。

阳光与艺术互为相思，强化的艺术情感，鲜活、灵动、神异。1888 年，高更在创作油画《雅各及天使搏斗》时，竟有意将一大片草地绘成熊熊燃烧的朝霞一般的红色。美术评论家认为，这种创新处理，确实别出蹊径，比将草地表现为其他任何深浅的绿色，更能左右读者的情感，均衡构图重心。

蓝色作为艺术语言，本来一直沉沉寂寂，屡遭艺术冷遇。譬如，《圣经》对穹宇和天界，尽管浓墨重彩，但对蓝色，却不着一字。文艺复兴初期的意大利画家，似成思维定式，多把天穹涂抹得金黄。[①] 自从"光谱"理论以降，乾坤便开始生变，蓝色，在野兽派作品中飞流直泻，仿佛在一夜间挣脱了天穹的樊笼，翩翩然下凡，驻在了树上、草地上、面孔上和有关物体上。大画家毕加索，有过单纯如梦的"蓝色时期"。够得上"蓝画家"美称的马蒂斯，还作过这样一张名画《舞蹈》：在如梦如幻、鲜亮艳丽、重彩浓烈的蓝色大背景之上，五位酒神侍女，个个体态婀娜，手拉手，口唱歌，踢踏跳着热情奔放的轮舞。后世的物理学家伫立这幅画前，惊讶于画家之笔有如神谕，竟似先知先觉，因为，画面上面积阔大的蓝色，与核能的表征色彩，竟非常地吻合。

画家对阳光乃至光谱，所表现的高贵的敏感、自觉、

① 运用拟人的修辞手法，使"蓝色"人格化，具有灵性，生动形象地写出了蓝色从被人们忽视到被人们追捧，成为画家们喜爱的颜色的变化过程，体现了"光谱"原理对美学的重大影响。

热情甚至广阔的朝圣，不仅体现了阳光的磁性，同时，也彪炳着会思想的芦苇——人的伟大。

# 4

我们的阳光有力量。中年听雨客舟中，"的篷，的篷"，船篷正承受雨的压力。阳光，就像是来自太阳的、难于止息的、光明的"雨"。阳光给你的雨打萍式的压力，科学上叫"光压"。阳光，你看得见，但光压，却同空气一般，你是无法看见的。你对空气可现现实实地感受，对于光压，你却不太能够感受。从阴阴的冬日走入阳光社会的人们，所能强烈感受到的，多是使人眯眼的、温暖的、欢愉的白晃晃。

给你压力的阳光及光线的路线，是箭镞般前行的，但在引力场中，却同时又是弯曲的。1911 年，科学巨人爱因斯坦预言，由于太阳引力的作用，当光线经过太阳附近时，会产生弯曲，偏角为 $1.7''$，爱氏还预言这一现象，日全食时可以看到。1919 年日全食之前，英国皇家学会派出两批天文学家，分赴西非和拉美设点观测。那一天，是全世界有心的物理学家翘首以待的日子。"逝者如斯夫"，[①]风云突变，日头被中国传说中的天狗一口食了。霎时，天文学家们看到了本该在太阳"背后"的星星。这一看，非同一般，等于证明了那颗星星向太空发射的光，并没有呈直线传播，确是在经过太阳这一颗"大质量"时，光线是弯曲着朝地球传播而来的。[②]天文学家在两处观测到的光线

❶ 用"天狗食日"的传说来描写"日食"的现象，非常具有动感和趣味性。

❷ 具体的数字证明爱因斯坦的预言是完全正确的，既突出了爱因斯坦的伟大，又体现了文章语言的准确性和严谨性。

的偏角分别为 1.61″ 和 1.98″，与爱氏的理论计算基本吻合。这个消息，顿时使爱氏声名鹊起，可爱氏却只淡然地对研究生说："我知道会是这样的。"研究生惊讶于爱氏的平静，问："假如观测结果与预言不符，咋办？"爱氏微微一笑，自信地说：① "那我将感到遗憾——我的理论肯定是正确的。"

阳光可以在屋子外，也可以在屋子内。每一个人的童年，大抵皆有捣蛋地拿着圆镜，将明晃晃的阳光反射入屋的经历。植物叶片，对阳光有反射作用。地面、粗糙的农田，对阳光有反射作用。阳光还有折射特性。牛顿的"光谱"色带，便是由折射特性各不相同的色光组成的。阳光还有透射特性。阳光当然是能够被吸收的。阳光，就这么以太阳为中心朝四面八方不休闲地辐射，谁又说得清有多少阳光是被物体吸收了呢。

## 5

有谁倾听过阳光的喧哗与嚣动，抑或歌唱？阳光下，你能听到绣花针落地的闪动？密集与宽阔的阳光，② 是静默的热烈，热烈的静默。阳光有力量却不剑拔弩张。阳光，每秒钟飞奔 30 万公里，却娴静得如脚底垫足了棉花。阳光辐射着无声的威严。马年初一清晨，我的半虚构、半现实、半落后、半新潮、半情、半理、半人文、半科学且很文学的郊野村阳光满地，天地白银一般响亮辉煌。③ "啊，阳光！"我不禁惊叹了一声。阳光背后的黑暗，如惊鸟，扑棱棱飞散。

**旁注：**

❶ 爱因斯坦的话充满了幽默色彩，体现了爱因斯坦的自信，同时也增添了文章的趣味性，使读者对太阳光线会发生弯曲这一科学现象的印象更深刻。

❷ 采用回环的方式，让句子整齐匀称，具有循环往复的音韵美，同时体现了阳光的看起来是"静默"的，实际上运动非常"热烈"的情况，便于读者理解。

❸ 采用呼告的方式，写"我"不禁发出一声惊叹，起到了点题和抒情的效果，表达了"我"对阳光的热爱和赞美之情。

阳光那显、隐作用依然鲜活、流荡，依然需要我们演绎、歌唱——

阳光啊，你推动了地球季候的递进、转换、更迭与轮回。阳光啊，你在民间的枝头发芽。光合作用生产人间食粮。阳光啊，是你使绿叶从土地里沿树干向枝头缤纷爬升。阳光啊，你还是隐身英雄（煤是太阳石）。阳光啊，是你改变了我们的思维方式。阳光啊，"给我们家庭，给我们格言／你让所有的孩子骑上父亲的肩膀／给我们光明，给我们羞愧／你让狗跟在诗人后面流浪／给我们时间，让我们劳动／你在黑夜长睡，枕着我们的希望。"（多多：《致太阳》）

阳光，更使许多我们肉眼看不见的东西正当上升。植物、人物以及其他生物的体温，君能看见？——阳光使它们上升。海洋、江湖、池沼阔大的水汽蒸发，君能看见？水分从植物叶片的气孔鱼贯蒸腾，君能看见？……

大诗人歌德在辞世时说："把窗子打开，让更多的光进来！"

① 认同不认同都一样，活着就是追逐和接受阳光的洗礼、烘烤、抚摸及其恩泽。死去便是完成或告别对阳光的眷恋。阳光成了一个伟大的象征。每一个人，都是某种阳光的轮回与转世。

❶ 总结全文，"活着就是追逐和接受阳光的洗礼、烘烤、抚摸及其恩泽。死去便是完成或告别对阳光的眷恋"，句子充满了哲理性，揭示了人活着就离不开阳光的道理，突出了阳光对人类的生存和生活的重要作用。

## 延伸思考

1. 文章开篇连续使用了三个叠词，试分析这样开篇的妙处。

_____

_____

2. 文章的语言充满了科学性、美学性和哲理性，请从这三方面赏析下列句子。

（1）阳光的可见光波长范围一般在 400 纳米到 760 纳米之间。

_____

_____

（2）画家对阳光乃至光谱，所表现的高贵的敏感、自觉、热情甚至广阔的朝圣，不仅体现了阳光的磁性，同时，也彪炳着会思想的芦苇——人的伟大。

_____

_____

3. "认同不认同都一样，活着就是追逐和接受阳光的洗礼、烘烤、抚摸及其恩泽。"谈谈你对这句话的理解，并试着举例说明。

_____

_____

# 惦　湖

**名师导读** ▶

　　"惦湖"即挂念湖的意思，作者以此为标题，围绕期盼湖水永远清澈透明的祈愿展开。和朋友去湖边游玩引发思绪，不但写了湖泊宁静优美的景色，而且追溯了湖水与人类的起源、文化的传承的密切关系，然后讲述了随着现代化进程加快，人们对湖水的破坏，甚至填埋的行为，表达了作者对湖泊的喜爱、赞美、怀念和对人类破坏湖泊行为的批判之情。当然，文章一如既往地体现了科学性、哲学性等特征，不但引起了读者对环保问题的关注，也在一定程度上启迪了人生智慧。

　　祈愿湖水清澈透明，永不褪色，镜照天地……

　　　　　　　　　　　　　　　　　　——题记

# 1

多年前一个秋晨，我和友人驱车过羊城麓湖，麓湖被笼罩在晨雾里，朦胧静美，友人感叹："住在麓湖畔就好了！"

他的话让我共鸣。论起来，麓湖美是美，却还不算太大，我们羊城最大的湖，是被誉为"广州明珠"的挂绿湖，①挂绿湖面积达 7000 亩，等于 13 个麓湖，湖心岛更是有 3600 亩，环湖而立的有木棉、人面子、凤凰木、秋枫、桃花、鹰嘴桃、水蒲桃、水翁、竹节树，还有花叶芦苇，总是绿意摇荡。

②如此的美湖，能不引人向往吗？向往湖，乃人的本性。

想想，许多古人都是面湖而居的，你在湖这一边，我在湖那一边，共饮一湖水，这要比共饮一江水，更安定、悠然，那时交通不发达，开门见山，走路爬山，是常事，路走多了，你怎么也会走近湖。柔软的湖、深深的湖、荷绿色的湖，走了很久才到眼前的湖，给先人的影响，是深刻的。

刀耕火种的心、拼搏的心，就不需要一隅恬然、宁静吗？

得意时身在庙堂，失意时蹈逸山林，是中国古代许多文人的通性，入山林，将近湖矣。

18 世纪末至 19 世纪初的英格兰北部湖区，涌现过以华兹华斯为代表的诗歌团体"湖畔派"，20 世纪 20 年代，在杭州西子湖畔，则活跃过"湖畔诗社"，

**①** 运用作比较和列数字的方法，将挂绿湖与麓湖作比较，再加上 7000 亩、13 个、3600 亩等具体的数字，生动形象地突出了挂绿湖面积之大。

**②** 承上启下，承接前文挂绿湖的美丽，引出下文关于湖的思考。

吟咏爱情，歌颂自然，意义深远。

我发现，大凡名湖，皆积淀着深厚的历史文化。杭州西湖，湖光山色之外，谁又说得清究竟蕴贮着多少悲欢迷离、一唱三叹的故事呢，从初唐至晚清吟咏西湖的诗词，就如西湖不绝的烟波，被编成厚厚的《西湖诗词选》，<u>①诗坛泰斗艾青老人，那年游罢西湖，那奇异的"艾体诗"便咏道：犹中秋的月镜，自半空摔落，那断裂之处，遂成了苏堤和白堤。我觉得，艾老未明说明镜一般的，即是湖水了。</u>

人与湖相对，西人的思维方式与国人有同有异。梭罗的《瓦尔登湖》，将湖的自然美、人与"湖"的关系，乃至静穆通透的感悟之美，抒写到了前所未有的高度。

确实，湖，尤其是名湖，已②<u>"贮积了太多的朝代，于是变得没有朝代；它汇聚了太多的方位，于是变得没有方位。它走向抽象，走向虚幻，像一个收罗备至的博览会，盛大到了缥缈。"</u>（余秋雨：《文化苦旅·西湖梦》）

然而，这湖，却又怎会知道自己是通过人心而影响文化呢。从古而今，湖，总是以现实、虚幻、阴柔、湿润的意态，以"湖文化"，润泽人心，以至于即便是"湖歌"，诸如《太湖美》《莫愁湖》《洪湖水浪打浪》，不也在经常萦绕你的心头吗？

应当看到，文化人对湖聪敏的体悟和美饰效应，更是在持续淡化人对湖的疏离感，赋予了湖"迷幻的包装"：引人欲游湖！

❶ 引用艾青游西湖后的吟咏，进一步证明了"大凡名湖，皆积淀着深厚的历史文化"这一观点，提升了文章的说服力。

❷ 引用余秋雨《文化苦旅·西湖梦》中的描述来说明西湖饱含了各朝各代的文化，容纳了来自四面八方的文化这一现象，再次突出名湖与文化的紧密关系，增强了文章的说服力。

# 2

并不喜欢故弄玄虚的我，今天也要以"平常心"叩问：湖，除了从客观物理上考究，其还会有哪些特征？可让人体味、抽象些什么？

**①** "湖，积水的大泊。"（《辞海》）

古年老月之水，组织起来，抱团，就成了湖。

是非常柔软的一池，抑或一汪非常的柔软。

一汪液态的自然诗！

当然，湖，并不知道自己从何而来。湖没感觉，却有灵性；不言不语，却镜映天地。

蒹葭苍苍，在水之媚；荷叶田田，在湖中央；<u>鱼虾潜游，蛙儿互答；膏蟹横行，湖石玲珑；光斑闪烁，湖生蜃楼</u>。

湖啊，你总以平等、宽和、容忍、沉静，以胸怀的柔软，包纳大千……

**②** <u>从物质到精神，你在调节生态环境。</u>

<u>你是芸芸众生的朋友。</u>

湖啊，你迷人的更有水的艺术性。

平静时态若月光，轻漾起波纹如线，此何也？是湖水。

湖水一汩入中国画，马上满纸空幻、神迷。毕加索就当面对张大千论起齐白石的中国画，说："齐先生画水中的鱼，没一点色，一根线画水，却使人看到了江湖，嗅到水的清香。"（汪曾祺：《张大千与毕加索》）

无怪乎著名美学家李泽厚先生，对中国艺术作过

**❶** 用《辞海》中的解释来说明湖的定义，增强了文章的准确性。

**❷** 采用呼告的方式，以及第二人称"你"，直接抒情，表达了作者对湖的赞美和歌颂之情。

大量的研究之后断言：中国艺术，其实就是线的艺术。

线与湖水之纹，何其相似乃尔也。

记得在《观刀美兰独舞——水》诗中，我写过：

似水，又不见水的波纹，

无水，却听得水的哗声，

也许这水太空灵，

宛如傣家月色清。

如此月光般的"水"，谁能说就不是湖的化身？

① 月光般的湖，面群峰，临碧落，"永远自我"，该也有些清高吧？风吹湖、月临湖、日蒸湖、"雨"打湖，也有些无奈吧。

我以为，这湖，或许会感到寂寞，然它的寂寞，只能是高贵、高层次的寂寞，静美的寂寞。

寂寞，是湖的宿命。

当然，最寂寞的是小湖。

麓湖有多寂寞？挂绿湖呢？

大湖却断断不会永沉寂寞的，或说大湖总是能超越寂寞的。那烟波迷幻的贝加尔湖，容纳了地球上五分之一的淡水，大美不言，浩茫神秘，会寂寞吗？

❶ 采用一系列小短句，增强了文章的节奏感和音韵美。

### 3

历史行进到今天，即便居所近湖，因了石屎森林、喧嚣市声的挤迫，生活工作的困扰，许多人，会大大

41

寡淡看湖的心情，即便入湖区，也可能视湖而不见。

甚至，仍有人与湖"作对"。

可以自慰的是，近二十年来，随着生态意识的强化，我倒愈来愈向往湖，还常反思与湖相关的事……

我原来居住的地方属羊城郊野，邻近的蚕种繁殖试验场，被某大丝绸集团"收购"了，被"并购"的还有两汪湖——其水域没麓湖大，更无法与挂绿湖比，然却是既有历史意义也有现实意义的无价的湖！

① 湖中长有排排水杉，湖畔绿草、翠竹青青，有亭翼然。多年前，经常是黄昏，或假日，我都会携带幼子，"侵入"围湖的"柴门"，深入湖滨……可是，因为不可抗拒的"发展"，这两口湖，被彻底填埋了，碧绿的湖水，变成了车水马龙、钢铁轰鸣的广园快速路……在湖被"英雄"后，有好长一段时间，我一直懊悔不已，我何以湖还在世时，就不能多多主动地、经常地亲近她呢？

② 想想这个地球村，湖被做掉的事，还少吗？已越来越少、还在汪活着的小小的湖，能纯净依然、大小依然吗？甚至湖水，还可能葆有原初之态、纯净之美吗？

多年前之夏，我曾从游船上一跃跳入瑞士苏黎世湖中游泳，嬉笑乐游中，突被告知身下湖水深逾140米，乐游旋即转惊游，还差点进口了几口湖水，然而那湖水却是可直接饮用的，40年前苏黎世湖竟是污染重灾区，游泳不得，更不能直接饮用，是市民的努力让湖水脱换了胎骨，按我们的标准，现在的苏黎世湖水，当然就是可直接"进口"的一类水质了……

**❶** 采用对比的修辞手法，把羊城郊野的两个湖泊过去和现在的情形作对比，体现了"我"对过去湖泊景色的喜爱、怀念之情，以及对人工填埋后情况的厌恶心情。

**❷** 连续使用三个反问句，增强了情感，表达了作者对人类填湖行为的批判，同时引发了读者的反思。

# 延伸思考

**1.** 说一说文章标题的含义和作用。

_____

_____

**2.** 从词语的角度赏析句子。

（1）寂寞，是湖的宿命。

_____

_____

（2）甚至，仍有人与湖"作对"。

_____

_____

**3.** 品读文章，找出你最有感触的句子，并试做分析。

_____

_____

# 红灯笼

**名师导读** ▶

　　红灯笼是中国传统佳节必不可少的装饰品，过节时在大门口、院子里悬挂红红的灯笼，不但可以营造热闹祥和的氛围，而且还能表达人们美好的愿望。本文以"红灯笼"为题，既描绘了红灯笼的美丽，又追溯了其起源和发展，揭示了红灯笼的寓意和哲理，最重要的是作者将自己的家国情怀也融入了这红红的灯笼之中，使常见的灯笼有了更加特殊的意义。

> 即便走在异国他乡，只要看到红灯笼，
> 我都会倍感亲切，为自己是一个中国人而自豪。
>
> ——题记

## 1

　　红灯笼是中华民族与圆满的逗号式吉祥，是爱美、善美的中华民族从心田放飞光明的春色彩球，是欢乐、喜庆的宣示、装饰和推进。<sup>①</sup>每逢中华民族的好日子，红灯笼都从未迟到和缺席。

<sup>②</sup>蜡梅傲雪风，

华夏灯笼红，

春意东西南北中……

每一个红灯笼，都亮起华夏儿女常挂常新、美丽宜人、含蓄、浪漫而又并不遥远的希望。

虽然许多年代不乏贫弱、苦难，但千百年来，年年岁岁，每一个新春佳节，都是红灯笼在华夏千里江山竞相红亮、走进高潮的日子。

## 2

<sup>③</sup>红灯笼诞生于农业社会，源自古老的中国。第一个中国灯笼点亮在西汉，到唐代，因了官民的重视，民间有了张灯结彩、观灯出游的习俗。宋代，影灯、水灯等多种灯笼样式开始出现。明代时，宫廷彩灯、民间花灯，灯市，样式愈显多样，木质、竹编、丝绸、棉布或铁质，都以纹样喜庆的装饰性、祥和的寓意，交相辉映。

红灯笼的形与意，凝聚着华夏民族的劳作。灯笼上彩绘的人物、山水、花鸟、龙凤、鱼虫，材质肌理，色彩纹样，不但美丽，还体现出精湛的工艺和精益求精的工匠精神。

❶ "从未迟到和缺席"强调了红灯笼在中华民族所有的好日子都会及时出场的情况，突出了中华民族对红灯笼的重视和喜爱之情。

❷ 以诗歌的形式来写蜡梅傲雪，大江南北灯笼高挂的场景，营造了优美喜庆的氛围，同时也增添语言的诗意美和文学性。

❸ 追溯红灯笼的起源，讲述其演变过程，突出了红灯笼历史悠久、样式多样，具有装饰性和祥和寓意等特点。

**❶** 从"灯"字字形演变分析灯笼的寓意，用灯火亮丽来象征人丁兴旺、祥和热闹之意，代表了人们美好的愿望。

**❷** 老师的讲解既增添了文章的趣味性，又说明灯笼与哲学紧密相关，具有丰富的哲理。

① 本来灯笼之灯字，繁体写作"燈"，读作登声，字义从火，温热而旺盛，简化为"灯"后，读音好一声"丁"，一派灯火亮丽辉煌、人丁兴旺、祥和热闹的意象，依旧耐人寻味。

灯笼中空为虚，整体却实，在哲人看来，却有另一般境界，民间就传学生请教老师灯笼意义的故事："先生，昨晚我看见有个盲人打着灯笼走路，他明明看不见，打灯笼有何用？"师略一沉吟，曰：② "如果他是怕别人看不清路，这是儒家；如果他是怕别人撞到他，这是墨家；如果他认为黑夜出门就必须打灯笼，这是法家；如果他认为想打就打顺其自然，这是道家；如果他借此开示众生，那么，这就是佛家……"

## 3

有没有专门红入天空、飘移在天上的红灯笼呢？

当然有，这便是孔明灯，和平年代承载喜庆的孔明灯。

吉祥入夜灯笼红，

红火中国红，

喜庆满神州！

某年除夕，在四川泸州长江北岸，我和家人就购放过两盏孔明灯，身畔不远是吉庆祥和的长江水，梦一样的长江水，忽远忽近、此起彼伏的是孔明灯升空成功的欢呼声。①我们看着亲自放飞的孔明灯汇入天上一朵接一朵红红的孔明灯的队伍，欢喜在红光闪烁的夜空……

其实孔明灯也可自己制作，将轻薄的红灯罩围粘上轻简的立体竹笼，底部交叉的铜丝上再绑块固体酒精，或者置一炷红烛。

值得注意的是，孔明灯必须在无风晴好时才可点放，点火后将底部进气口尽量压低，别让热空气流出太多。这孔明灯和热气球升空的原理是一样的，灯罩内的空气受热膨胀后，密度必比外部空气的密度小，这时你按着孔明灯的双手就会感到明显的上升之力，此升空之力，用阿基米德浮力定律同样可以解释得通。徐徐飘移升空的孔明灯，是可升上 1000 米左右的高空的。

红月亮一般的孔明灯飘升入夜空，和地上数也数不清的星星似的红灯笼一起，已成为中华民族寓意独特的喜庆符号，②红在中国文化的深处，不仅是中华民族民间传统的、暖色的团圆和喜庆的象征，而且已越来越红出国门，正红入人类命运共同体，红入世界……

在美国唐人街，我与红灯笼相互问好；在瑞士苏黎世湖畔的"中国园"，我接受过红灯笼的新春祝福；在法国、德国、意大利、奥地利、挪威、丹麦、泰国等异国，我都曾喜见红灯笼点亮中国元素。

倘若说，凡是有国际歌传唱的地方都有自己的同志，同样，凡是有红灯笼明亮的地方，可爱的祖国都必将会拥抱到自己亲爱而伟大的儿女……

❶ 用"朵"字来形容孔明灯，而不用"盏"，生动形象地写出了孔明灯像红色的花朵一样美丽，表达了作者对孔明灯的喜爱之情。

❷ "红色"在中国文化中有着悠久的历史和深远的影响，代表着团圆、喜庆的意思；而"红出国门""红入世界"则象征着中国文化走向了世界，中国在世界上的地位也日益提升，升华了主旨，体现了作者自豪与骄傲的心情。

## 延伸思考

1."即便走在异国他乡，只要看到红灯笼，我都会倍感亲切，为自己是一个中国人而自豪。"结合文章内容，谈谈你对这句话的理解。

_____

_____

2.品读文章，"我"喜欢"红灯笼"的原因有哪些？

_____

_____

3."有没有专门红入天空、飘移在天上的红灯笼呢？当然有，这便是孔明灯，和平年代承载喜庆的孔明灯。"这句话用了什么手法？有何作用？

_____

_____

# 第二辑 奇趣生灵

　　花鸟虫鱼之中，美得如此翩跹、灵气和超然者，我认为首推蝴蝶。今天，我正沐南窗冬阳而欣然撰文，虽未有"蝴蝶飞入我的窗口"，但我揣想，在广漠的锦绣江山的花丛草径之间，该有多少蝴蝶，在上下翩跹着它们的美丽呢！

【2010 年上海市初中毕业考试语文试卷】

阅读下面文章，回答问题。（22 分）

# 中国红为什么这么红

①比较一下常见的颜色，便可知中国红是最适合喜庆的颜色。黄色尽管有暖暖的氛围，很明亮，但由于涉及皇权，不宜作喜庆的主色；月华般的白色清淡、纯洁、素雅，犹有百合花般的诗意和温厚的纯粹，却也无法做民间喜庆的主色；紫色低调、冷艳、神秘、优雅、浪漫，犹带紫槿花、勿忘我、紫丁香那般淡淡的自恋，与昂扬热烈的喜庆却风马牛不相及；绿色无疑象征希望和蓬勃的生命，是今天誉满全球的环保色，然而冷静有余，热烈不足，与喜庆氛围又怎能和谐？

②唯有红色是对视觉冲击最强烈的颜色，是最有生气的颜色，其释放的激情与能量，犹如生命在燃烧，具有凌驾任何色彩之上的强烈力量。红色最热烈、最活泼、最鲜亮、最艳丽、最精神，能教人双眼一亮，印象深刻，是无可取代的最适合喜庆的颜色。

③考察光波的长短，也可以明白中国红非常适合喜庆。光学实验表明：光的波长越短，散射作用越强，光的波长越长，散射作用就越弱。在可见光中，红光的波长最长，空气对红光的散射作用最弱。也就是说，红光的穿透力最强，可以传得最远。在喜庆时刻，谁不喜欢红红火火、光鲜醒目呢？谁不喜欢好事传千里呢？

④中国红最适宜喜庆，还有生存择食的因素。人对色彩的感觉是与生俱来的。人的眼睛在观察事物的时候，依次观察的是物体的色彩、形体、线条和点。由此可知，色彩是人类认知外部世界的第一媒介。

⑤香港大学的研究人员观察了生活在乌干达基巴莱国家公园的灵长类动物的饮食习惯，发现猿类和猴子通常利用蓝色和黄色视觉选择所吃的水果；＿＿＿＿＿＿＿＿它们想吃到有营养的鲜嫩树叶，还必须具备分辨红色和绿色的视觉，＿＿＿＿＿＿＿＿鲜嫩的树叶常带有隐隐的红色，能较明显地与其他颜色的树叶相区分。红色是引起兴奋、喜悦的颜色，能明显引起动物视神经细胞的扩展反应。可见，灵长类动物对红色的感觉能力较其他颜色敏感，与长期以来寻找食物所养成的饮食习惯有关。

⑥中国红反映了东方式的神秘。其渊源还可追溯到古代华夏民族对日神的虔诚膜拜。作为中国的吉庆颜色，作为中国人的吉祥文化图腾和精神皈依，中国红表现了中国人的文化心理。

⑦中国红将华夏民族喜庆的色彩习俗打造得美轮美奂。我们每一个人都生活在特定的社会习俗里。习俗的形成无疑必须经过选择，比如中国红被确立为喜庆颜色就是经由中国人聪明的选择，而后才传染开来，潜移默化，耳濡目染，乃至约定俗成，形成集体心理定式。如果这种习俗看得见、摸得着而且符合生理选择，比如中国红，其固定性还会更强。习俗带有的守恒性和排他性，还会弱化或淹没异

类思想，比如，中国人春节皆贴红春联，如果有的人家贴的是绿春联，便会被视作异类。

⑧中国红与青花蓝、琉璃黄、国槐绿、长城灰、水墨黑和玉脂白构筑了一道缤纷的中国传统色彩风景线。

（《科学画报》2010 年第 2 期，有删改）

1. 第①②段运用了＿＿＿＿＿＿的说明方法，其作用是＿＿＿＿＿。（3分）

2. 第④段中加点词"依次"能否删去？请说理由。（4分）

＿＿＿＿＿＿＿＿＿＿＿＿＿＿＿＿＿＿＿＿＿＿＿＿＿＿＿＿＿＿

＿＿＿＿＿＿＿＿＿＿＿＿＿＿＿＿＿＿＿＿＿＿＿＿＿＿＿＿＿＿

3. 按照文意，填入第⑤段画线处的词语是（　　　）（3分）

A. 只要　因为　　　B. 即使　何况

C. 既然　何况　　　D. 倘若　因为

4. 中国红早已成为华夏民族喜庆的色彩习俗，除春节贴红春联外，请再举出生活中的两个例子：（2分）

（1）＿＿＿＿＿＿＿＿＿＿＿＿＿＿＿＿＿＿＿＿＿＿＿＿

（2）＿＿＿＿＿＿＿＿＿＿＿＿＿＿＿＿＿＿＿＿＿＿＿＿

5. 根据文意，在下面读书卡片的编号处填上恰当的内容。（10分）

篇名：（1）＿＿＿＿＿＿＿＿＿＿＿＿＿＿＿＿＿＿＿＿＿

作者：×××

出处：（2）＿＿＿＿＿＿＿＿＿＿＿＿＿＿＿＿＿＿＿＿＿

说明角度＿＿＿＿＿＿＿＿＿＿＿＿＿＿＿＿＿＿＿＿＿＿＿

内容要点＿＿＿＿＿＿＿＿＿＿＿＿＿＿＿＿＿＿＿＿＿＿＿

（3）＿＿＿＿＿＿＿＿＿＿＿＿＿＿＿＿＿＿＿＿＿＿＿

红光的穿透力最强，可以传得最远

生物学原理

（4）_____

（5）_____

反映东方式的神秘及华夏民族对日神崇拜。

社会习俗

（6）_____

# 鸟　巢

**名师导读**

　　《鸟巢》是一篇非常具有作者写作特色的科学生态散文，作者在坚持科学本真的基础上，用准确、严谨又不缺乏灵动感的语言去描写鸟类筑巢的工程、鸟巢的作用、鸟巢的类型、鸟巢的色彩等，同时述说自己的感悟，揭示深刻的哲理，让物、情、理三者有机结合，最后作者将鸟巢与人类社会相联系，谈及生态保护问题，升华了文章主旨，引人深思。

❶ 题记描写双掌合拢如同鸟巢成功吸引了读者的注意力，甚至让读者忍不住做出合掌的动作，进一步激发了读者的阅读兴趣。

①人的双掌合拢，竟然宛若鸟巢……

——题记

## 1

　　鸟儿筑巢，是浩大而艰巨的工程，需付出常人难以想象的劳动。

在我们屋檐庭院筑巢的邻居燕子、麻雀是如此，其实任何一种鸟都是如此。据鸟类学家统计，一对灰喜鹊在筑巢的四五天内的工作量就令人难于想象，至少得衔取枯枝、青叶、<sup>①</sup>草根、牛羊毛和泥团共六百余次，其中计枯枝二百五十余次，青叶一百五十余次，草根一百二十余次，牛羊毛八十二次，泥团五十四次。一只美洲金翅雀筑仅重五十余克的巢，就得飞来飞去衔取近八百根巢材。

筑巢不是鸟类才有的技能，但鸟类筑巢的工艺，在动物界却是无与伦比的。完全可以这样说，鸟儿是以整个身心乃至生命在筑巢。

鸟没有松鼠那样的手，没有海狸那般的牙，只有喙和爪。在法国历史学家、作家米什莱看来，鸟筑巢的普遍情形，与其说是以喙和爪筑巢，还不如说是以胸挤压材料，以躯体将混合材料作一种黏合。如果此论成立，则可推论赋予鸟巢椭圆形状的工具不是别的，而是鸟的躯体；鸟在里面不停地边转边压，将"墙"朝前推，使之终成椭圆的房子。试想，要使一根刚衔入巢中的稻草弯曲贴巢，得经由鸟身体多少次艰辛的来回挤压啊！

然而，实际情形却不完全如此，鸟，是以喙、爪和身体以及其他东西来共同筑巢，抑或各显神通地筑巢。<sup>②</sup>譬如，北极的绵凫鸟在生育前，总要忍痛拔下自己的大量羽毛来筑巢。楼燕的近亲——大名鼎鼎的液腺发达的金丝燕以唾液筑巢，唾液一遇风，就凝固

❶ 运用列数字的说明方法，通过"六百、二百五十、一百五十、一百二十、八十二、五十四"等具体的数字，生动形象地说明了灰喜鹊筑巢工作量的巨大，令人惊叹，同时也体现了文章语言的严谨性。

❷ 运用举例子的说明方法，以绵凫鸟忍痛拔下羽毛筑巢、金丝燕以唾液筑巢、楼燕营巢为例，说明"鸟，是以喙、爪和身体以及其他东西来共同筑巢，抑或各显神通地筑巢"的情况，便于读者理解。

成半透明的碗状巢窝——燕窝。楼燕营巢则将唾液和入小螺、泥土和草棍，以胸、喙、爪共砌碗状巢。

鸟筑巢的行为，虔诚得令人感动、心痛，更是教人肃然起敬，心怀敬畏。

鸟通过筑巢，似在申明自己并非凡鸟，至少也是有某种精神的鸟。

## 2

你或许从未想到，伟大的鸟巢，孕育和呵护生命之巢，寄托希望之巢，会如此多元和丰富。

低等类群企鹅、鸵鸟、金眶鸻、白额燕鸥等筑的地面巢大多简陋，甚至仅在地表刨一浅坑，不加任何巢材。① 米什莱在《云雀》中写过："云雀是最典型的田野的鸟儿。这是庄稼人的珍禽。她总是殷勤地伴随着他们，在艰辛的犁沟中间，到处都有她的足迹……而大自然似乎有些亏待云雀。她的脚爪长得使她不适合在林间栖息，她只好就地筑巢，与野兔为邻，田沟是她的穹庐。"还有许多叫声动听、高贵，疏于高山森林，常年出没在旷野，为土地处处留下婉转歌吟的精灵，比如玲珑百灵、活跃画眉，就和平民化的歌鸲、黄脚三趾鹑、灰头麦鸡和毛腿沙鸡一样，在土坑内只垫少许干草茎为家。雉鸡、鹤和大雁筑的地面巢则稍稍复杂，会以些许草、叶和绒羽等柔软物质垫窝。

在湖泊、池沼和江流转弯低吟的和缓水面，我们可偶见随水体飘摇升降的水面巢。② 水面巢多是盘状

**❶** 引用米什莱《云雀》中的话来说明云雀就地筑巢的原因是其爪子不适合在林间栖息，从而说明鸟类会根据自己身体情况选择筑巢的环境，体现了鸟类的环境适应性。

**❷** 运用作诠释的方式来解说什么是水面巢，便于读者理解。

浮巢，由鸟儿凭借水生植物浮于水面的秆叶搭造。水面巢便于鸟儿饮水，水面嬉戏，晨昏照影，还可免陆上动物来袭，只是筑水面巢的鸟寥寥无几，屈指算来只有鹛䴙、秧鸡、董鸡和骨顶鸡几种。

顾名思义，所谓洞穴巢就是彩色童话画册中总见的鸟儿筑在崖壁和树洞的巢。翠鸟和沙燕就以崖壁洞为巢。八哥、山雀、猫头鹰、鹪鹩和戴胜等则以树洞穴为家。需要说明的是，在攀禽中只有啄木鸟居住的树洞巢是独立自主、自力更生之巢。①啄木鸟喜新厌旧，从来不住昔年旧洞，这倒使不少鸟儿捡了便宜，轻易就当了啄木鸟旧居的新主人。

作为人类的芳邻，多数燕科鸟，都在人类的屋檐下、楼宇间筑巢。它们都居泥巢，倘若筑在户外，比如筑在贾岛所咏的池边树上，该如何经得起风吹雨打？

的确，在我们人类的习惯意识里，鸟巢，主要还是指编织巢——由广大鸣禽在树上（个别在草丛或灌木基部）精心营建的巢。

苇岸在《鸟的建筑》里说，除涉禽中的鹭、游禽中的鸊鷉和猛禽中的鹰隼（这是些在树上筑粗陋大巢的鸟）外，②编织巢几乎均为长于鸣啭、巧于营巢的雀形目鸟类所造。

谁能说编织巢的形态，不是更加多姿多彩的呢？

与我们人类还较为亲近的寿带、卷尾、伯劳、柳莺等夏候鸟总营杯状巢。太平鸟、灰山椒鸟、乌鸫及北红尾鸲等则喜筑碗状巢。骨顶鸡、秧鸡、董鸡和鹛䴙等好些水禽编织盘状巢时，还善于就水取材，巢材

❶ "喜新厌旧"本义为喜欢新的，厌弃旧的，这里用来形容啄木鸟从来不住昔年旧洞的习性，给读者留下了深刻的印象，同时增添了文章语言的生动性和趣味性。

❷ "几乎"是差不多的意思，这里限定了范围，即绝大多数编织巢都是雀形目鸟类所造，但并不是全部的，体现了文章语言的准确性和严谨性。

多取水面的芦苇、蒲草。以盘状巢为家的鸟类，不但每一窝卵较多，卵色更是每每与巢材乃至环境相近。

至于盆状巢，则可分为浅盆状巢和深盆状巢两种。

在电视节目《动物世界》里，我见到了被称为"缝叶莺"的小鸟的筑巢过程：①喙将芭蕉叶从叶缘至叶茎似裁缝一样裁开，接着以喙在叶中一下下地穿出一列小孔，继而卷起叶片，贯以细线——缝成小小的袋状巢。如果不是在荧屏所见，我无法相信天下竟会有如此聪明灵巧的小鸟。

在我见过的鸟巢中，最让我情感激荡、永远嵌入生命记忆的还是那年冬末在河南，那中原大地上一棵棵白杨树上的鸟巢。这些《禽经》上所说的"仰鸣则晴，俯鸣则雨，人闻其声则喜"的②民间吉祥鸟喜鹊之巢，真像一座又一座古老的乡间别墅啊！一个接一个，正隐隐约约、安详地待在茫茫原野高大耸立的白杨树上。这当儿，春天还在望中，白杨树尚未绽开绿叶。这一个又一个粗糙的球状鹊巢，在辽阔、空旷、沉静的天空下，在木叶尽脱硬而冷的枝杈间，竟是如此地沉静、安详，透露出喜鹊的形体和粗糙的鸣叫声那般的美丽，同时，还辐射着睥睨凡间一切的神气，令我倍感崇敬和温暖。我以为，鹊巢，无论独巢、双巢，还是芳邻多巢，都是原野上灵动、尊贵的生命信号，是地球村，尤其是北方平原冬季令人无限神往的平静乃至祥和的最美丽、最迷人的风景……

❶ "裁、穿、卷、贯、缝"等一系列动词将"缝叶莺"筑巢过程写得非常生动细致，突出了"缝叶莺"熟练而高超的筑巢技能。

❷ 采用打比方的说明方法，把喜鹊的巢穴比作乡间别墅，突出了喜鹊巢穴的精致、美观，进而赞美了喜鹊高超的筑巢技能。

# 3

鸟类学家的考察表明，鸟巢大都是鸟夫妻共同建造的家园。利用天然树洞筑巢的世界珍禽——犀鸟，每当旭日东升，雄鸟就从河畔频频衔回泥巴给洞内的雌鸟，雌鸟则一次次呕出胃液，以喙将胃液揉拌入泥团，再衔之以封小洞口。

尽管鸟类学家还不太明白鸟类筑巢的"技能"是如何遗传的，但却已断言筑巢与鸟类的繁殖相关——鸟类的繁殖，通常始于筑巢终于幼鸟离巢。

也有鸟儿筑巢为的是谱写恋歌，招引配偶。① 澳大利亚热带雨林的园丁鸟，雄鸟求偶时，会择一块觅食易，水源近，幽静、明亮、通透的林间空地或草地，辟成小巧的庭院。庭院左右两边那密密实实的篱笆墙由二三十厘米长短的树枝搭就，而庭院的那一头，便是雄鸟清理出的草地——"跳舞场"。犹同新郎总要装饰新房，"凰求凤"的跳舞场周围及篱笆墙头，总会陈列些鲜花、浆果以及光艳的羽毛，显然，这是雄鸟的"作业"。

筑巢还能刺激鸟儿的性生理活动。鸟类学家的研究已证明：② 鸟类建巢或窝入巢中，视觉和触觉等器官所发出的信号通过脑的综合，会加速促进体内雌激素的分泌，促进体内卵细胞的成熟并排出，使繁殖行为不至于中断。尚若巢窝被毁，鸟类的孵卵行为随即终止。

❶ 以澳大利亚热带雨林的园丁鸟雄鸟精心筑巢，开辟"庭院""跳舞场"的行动为例，生动地说明了"有鸟儿筑巢为的是谱写恋歌，招引配偶"的情况，增添了文章的趣味性。

❷ 用科学结果来说明"筑巢还能刺激鸟儿的性生理活动"的现象，起到了科普知识的效果，同时也体现了文章语言的准确性。

# 4

尽管鸟的世界比人类社会单纯，但在营巢问题上，却同样存在不道德之鸟。

**①** 以杜鹃"鸠占鹊巢"的行为作为"不道德之鸟"的典型教材，从表面看是批判杜鹃，实际是讽刺人类占领其他生物资源的行为。

<u>① 仍然有必要抒写一笔的，是啼叫美妙被农业社会长期作为播种信息鸟的杜鹃，其总有本事使自己所产蛋的颜色、形状及大小与宿主（多是苇莺）的相似，并依宿主蛋的形色而作相应变化，当杜鹃在宿主巢中出壳后，宿主之蛋或雏鸟便躲避不了被这"外来户"强行全部挤出家园的命运，而小杜鹃却独独享有义亲的哺育。</u>

好在绝大多数的鸟儿都鸟德高尚，自主营巢，自食其力，警惕性也高。

亲爱的鸟儿，你已知道，
这是兽的世界，人的世界，
天天危机四伏……

长期生活于这般的社会环境，已教鸟儿懂得不但要经营好自己的家，更得伪装好自己的巢。

最天才的伪装师要数柳莺了。它在地表的枯枝落叶层以树枝纤维、草茎编织成一个球形巢，而且，衔来的大量苔藓和各色枝叶覆盖其上，仅露一个黑洞口。

营冢鸟筑巢总会选一块林间平地，首先挖一个深坑，往坑内堆入一层层的树叶和土，堆成直径三四米、高一米半的大土冢，然后才将蛋埋入冢顶挖出的小穴。

① 如此这般，孵蛋所需的温度便全由冢内树叶发酵而供给，其自己却避免了孵蛋而可能遭至那天敌的袭击。

鸟儿还利用有翼能飞的优势，或选悬崖绝壁，或选高树的枝杈营巢，以使天敌难于接近。鸣鸠更是将巢筑入仙人掌丛。

② 筑就了巢，就有了安身之所，风雨中，鸟儿一家就不至于那么飘摇。

有了鸟巢，就有了温暖的家，即便是"寒舍"，四壁透风，上下透雨。

风雨即便不是无情，总还是凄冷的。凄冷的风雨总是不期而至。在安稳的鸟巢里，卵易于聚拢成堆，易于享有亲鸟羽绒被子般的身体覆盖、呵护，可保持孵蛋需要的温暖环境。雏鸟刚出壳喳喳叫闹的头几天，体温还不恒定，而鸟巢正好可减缓"温暖"的散失。③ 树洞巢内的温度通常要比洞外高出 7℃。

鸟巢不是人类家里的铁碗，而是大自然里中空、通透或有弹性的窝。④想想看，晨雾慢慢地浓过来了，悄无声息中将鸟巢淹没了，日出不久，雾就散了。黄昏，鸟儿已相继归来，聚会巢中，不时鸟儿问答，嘲啾沟通，交颈抚爱，和睦融融。夜幕降临后，天地愈加宁静，那不见一片云的夜空沉静得犹如波澜不兴的海，凉如人间井水的银色月光悄无声息地流进鸟巢，鸟窝中也许会出现短暂的沉寂，俄顷，就该有一只又一只鸟儿侧歪鸟头，实行集体举头鸟眼望明月的仪式后，就该不约而同低头思念远方的故乡了吧……

❶ 解说营冢鸟的巢穴可以通过树叶发酵来为孵蛋提供温度，因而不需要鸟儿自己孵蛋，突出了营冢鸟的聪明，令人惊叹。

❷ 两个自然段的句式相似，不但使句式整齐匀称，而且增强了语言的诗意美，突出了鸟巢对于鸟儿的重要性。

❸ 运用作比较和列数字的方式，指出树洞巢内部温度比外部高，生动形象地说明了鸟巢可以起到保暖的作用，7℃体现了文章语言的准确性和严谨性。

❹ 采用想象的手法，描写鸟儿在鸟巢中的晨昏活动，再配以环境描写，展现了一幅优美恬淡的图画，丰富了文章的内容，具有极强的感染力。

# 5

我曾在不少晨昏，观察过好些鸟巢。我发现鸟巢大多数是灰色的。那次夏游京郊鸭鸣湖，那湖畔杨树林中的一个个鹊巢，就都是灰色的。同游的友人告诉我，鸟巢的确多为灰色，他说，少不更事时，夏天，他总喜欢爬上高高的白杨树去拆一个个鹊巢。"一个鹊巢拆下的树枝就是一担柴火。"……那一担担柴火也该是灰色的，我想。

①鸟巢何以多呈灰色？我想，这当与土地有关；灰色是源自土地的颜色。

除却黄土地，这天幕下的土地，壮阔的土地，乃至久旱的土地，起伏辽远，不普遍就是灰色的吗？

灰色可是土地的主体颜色抑或主打色啊。竟是土地的主打颜色"升华"上鸟巢了，这可是稻、草和树枝干燥以后的颜色，是水失却了流动的姿色。而筑巢的那些树枝、草叶，可不折不扣原来都是绿色的。

啊，鸟巢的颜色，这土地性情般的颜色，让人沉思的颜色，象征温厚、内敛、沉静、博大和安详，朴质、宽厚、自在、和美，并且如中年的人生境界一般的颜色……

# 6

②谁能断言鸟儿筑巢就没有自觉的艺术构思呢？我想，鸟儿在筑巢过程中出于本能的实用型审美能力，

**❶** 采用设问的方式，自问自答，强调了"鸟巢的灰色源自土地的颜色"，突出了鸟巢与土地之间的紧密关系。

**❷** 采用反问的句式，加强诘问语气，突出了"鸟儿筑巢有自觉的艺术构思"，起到了引出下文的作用。

断断[1]是鸟儿在长期进化过程中养成并且事实上业经遗传了的。

倘不如此，我们就无法解释同一种鸟儿，比如喜鹊，其巢的形制和质材，何以世代都那么类同而且都是那么高高地筑于树上。

何况鸟儿筑巢，是实用主义至上的。

鸟巢，巢内羽毛柔软、草叶柔韧，巢壁圆润，还颇柔润、柔和。如果你从鸟巢内望出去，那巢外的天空，想来也是井口般圆圆的，和井底蛙所观的天空形状当是相差无几的。

鸟巢，依靠外力而被高高擎起，是力量与柔软的结合。至于托举鸟巢的主干枝条，与其他柔软所形成的合力，却又使鸟巢异常坚牢、结实，尽管一阵风来一场雨过，鸟巢会宛如慈母乳汁饱满的乳房般微颤。

鸟巢与树林、草地、原野、河流和星空在悠久的农业社会里总趋于和谐或基本和谐。如果连基本和谐都达不到，就不可能有鸟巢在地球村的代代传承了……

然而，除了像米斗、若砚台、如酒爵、似农人编织的筐，鸟巢难道就不像人的指掌所合拢的形状吗？

① 多数鸟巢都不带顶盖。没有顶盖而上空，空如北京四合院、中国瓷器碗、花瓶和壶。依照国人的审美观，唯空者，方有艺术意味，如国画"留白"。唯空者方成器，方可构成生活与艺术的空筐——啊，鸟巢，竟空出了哲学与艺术的意蕴。

❶ 用北京四合院、中国瓷器碗、花瓶和壶来类比鸟巢，生动形象地解释了"鸟巢，竟空出了哲学与艺术的意蕴"的观点，化抽象为具体，便于读者理解。

---

[1] 断断：绝对（多用于否定）。

而且，鸟巢含蓄的椭圆外形，还总趋"圆点哲学"。作为天地间的一个"点"，鸟巢尽管小，却也有孕育，有交流，有故事。晨间，鸟儿带着理想和希望离巢飞入广阔天地；黄昏，鸟儿怀着谷粒、虫子、快乐和对家的眷恋从远方归来。

鸟巢越高，离大地就越远，然而，与自然和社会现实仍旧若即若离。

或许是宿命，当历史的列车进入"科技隧道"以后，鸟巢天然的开放性，却愈加成为双刃剑。何止是风入鸟巢，雨入鸟巢，雾、阳光、雪花能入鸟巢，那白天和"黑夜"，更是轮回式地出入于鸟巢。鸟巢成了名副其实对外开放的"笼子"，内外良莠杂芜。

还能半隐于自然和社会吗？天幕下，那一群群散文般袒露心扉的鸟巢……

① 作为大自然鸟巢的人文"镜像"，北京那个钢铁鸣响的人工编织"鸟巢"，在大地上不觉已耸立数年了。

这个伟大的"鸟巢"由瑞士建筑大师雅克·赫尔佐格与德梅隆建筑师事务所力主设计，峻工不久，② 即被《泰晤士报》誉为世界上"最强悍的建筑"，被英国名刊《建筑新闻》列入"世界十大建筑工程"。

这"鸟巢"与猛禽和攀禽的树洞巢、岩缝巢自然已不可同日而语，建造过程却比鸟儿筑巢更为有条不紊，由钢网全盘代替树枝——四万多吨钢材，每一根柱子都重一千吨……

**❶** 北京"鸟巢"是仿生学的杰作，是人类仿照鸟巢的构造而建造的，所以说是大自然鸟巢的人文"镜像"。

**❷** 引用《泰晤士报》《建筑新闻》等权威机构对北京"鸟巢"的赞美，突出了"鸟巢"形式优美、结构坚固，且在人类建筑史上具有重要影响等，间接突出了鸟类建巢的神奇与伟大。

只是，如此的"鸟巢"还会具有自然界鸟巢的纯粹吗？[1] 还能重现李商隐《晚晴》的诗境吗？[2] 尽管这"鸟巢"蕴含的文化意味异常丰厚。[3]

的确，在今天，与鸟巢有关的一切，都无法与科技神光照全球、"爱抚"鸟巢脱离干系了。

① 在因了人类掌控技术而使欲壑越来越大，在因了人类而致生态濒临失衡的地球村，即便是非同寻常的鸟巢，甚至是再神圣的鸟巢，都与荒野、河流、空气乃至和人类一样，已陷入命运窘境，前途未卜……

"鸟巢"的外形依稀可见菱花隔断、雕花镂空以及宋窑开片釉即裂纹釉的痕迹。钢架大网虚实相间、气韵生动、开合留空、阴阳平衡，似乎参透了中国哲学的天地人和理念，在表征"中国文化是在无序中寻找着有序"（德梅隆）。

② 伟大的人类能筑出如此伟大的"鸟巢"，是否还体现了人对自然的崇拜呢？——是回归至上古的自然崇拜呢？还是"现代版的自然崇拜"即异化的自然崇拜呢？

---

[1] 鸟巢的不纯粹便是被异化。鸟巢本是不该被异化的。人与鸟巢的关系，本应彻底葆有田园牧歌的底色，至少也该蕴有更多更美的中国古典诗境的，在这地球村，在我们中国。

[2] 李商隐《晚晴》："越鸟巢干后，归飞体更轻。"意谓初夏时节，雷雨频繁，晚晴依时而至，鸟巢却已干，归巢的鸟儿，不但心轻而且体态轻捷。
如此美妙的诗句，除去诗人的自况抑或暗示，似乎还在暗示飞鸟是纯粹的，鸟巢是没有任何污染的。只是在今天，未被污染的鸟巢究竟还尚存多少呢？

[3] "鸟巢"，如此钢铁的、奇异的、基于文化和技术的"鸟巢"，似乎寄寓了中国的"天空""大地"形象。"屋顶"又何止是覆盖物，该同时还是人造穹庐，而且更该是奥林匹克五环的象征。

❶ 将鸟巢、自然和人类联系起来，指出生态濒临失衡。地球上所有的事物都"已陷入命运窘境，前途未卜"，意在警示人类，呼吁人类保护生态平衡，否则终将自食恶果。

❷ 连续三个问句，指出人类用"鸟巢"来体现自然崇拜，实际上人类在盗用了鸟类的艺术构思后，反过来破坏了自然生态，是虚伪的崇拜自然，这是对人类行为的讽刺，也是在提醒人们要坚守纯粹的自然崇拜，即呵护大自然，保护生态环境，以维持生态平衡，才能真正实现人与自然和谐发展。

人，掌控了现代技术的人，竟是何等地自如！可自由出入"鸟巢"大放风筝的美丽，能有序进入"鸟巢"表演天圆地方的太极……人，还可自由无碍、随心所欲地在"鸟巢"搭出一个又一个另类的"人体式鸟巢"：大鸟巢套小鸟巢。

如此的"鸟巢"，还能是纯粹的自然物吗？显然已成了"人造自然物"——"人文自然"。

只是如此的"鸟巢"，还不能证明"科技神"已入侵鸟巢（自然）吗？难道这还不是已演绎成功了现代版的"鸠占鹊巢"吗？

## 延伸思考

1. "编织巢几乎均为长于鸣啭、巧于营巢的雀形目鸟类所造"中的"几乎"一词，能否删掉？为什么？

_____

_____

2. 文章从哪几个方面来突出了"鸟儿筑巢有自觉的艺术构思"的？

_____

_____

3. 文章的最后为什么要写北京鸟巢？谈谈你的理解。

_____

_____

# 蝴　蝶

**名师导读**▶

　　《蝴蝶》是一篇具有浓烈的哲学韵味和美学色彩的散文。作者以"蝴蝶"为描写对象，先写蝴蝶美丽的形象和人们对蝴蝶的喜爱；接着笔锋一转，写蝴蝶在羽化前其实是丑陋的虫子，进而得出"美丑合一"的"蝴蝶现象"；然后列举了人们对待这种现象的不同态度，最后指出艺术的创造有时候需要"蝴蝶现象"，即不要过度追求所谓完美，因为"不完美"也是一种艺术形式。文章寓意深刻，体现了"美丑合一"的哲学观，能够促发读者的哲学思考。

在中国，蝴蝶已是被哲学化的生灵。

——题记

## 1

　①花鸟虫鱼之中，美得如此翩跹、灵气和超然者，

❶ 采用作比较的说明方法，突出了蝴蝶在花鸟虫鱼中是最美的、最有灵气的和最超然的，起到了设置悬念，引出下文的效果。

我以为首推蝴蝶。今天，我正沐南窗冬阳而欣然撰文，虽未有"蝴蝶飞入我的窗口"，但我揣想，在广漠的锦绣江山的花丛草径之间，该有多少蝴蝶，在上下翩跹着它们的美丽呢！

蝴蝶之美，我以为是一种华贵美。如果将它比喻成花，若非牡丹，也是蜡梅了。假如比作鱼儿，恐也只有高贵的金鱼才能匹配。当然，它只能是会飞的蜡梅，或游动的金鱼。蝴蝶的美丽，更多表现在气息上，这气息既抽象，又具体，可说有些像珍稀邮票。你若不信，可仔细去瞧瞧鳞片细密的蝴蝶翅膀。闪烁冷光的翅片，反射着赤、橙、黄、绿、青、蓝、紫七色光波，活像朝暾初露时的云蒸霞蔚。蝴蝶，在山水间留下了美丽的"投影"。① 有一眼泉，叫蝴蝶泉；有一种花，叫蝴蝶花；有一个梦，叫《蝴蝶梦》；也该有一座山，叫蝴蝶山吧！

蝴蝶，经常飞入浪漫艺术的花园。中国花鸟画，蝴蝶是 ② "法定"的传统题材之一。蝴蝶双飞，自古以来都象征美满的爱情。诗人表达缠绵深情，多喜欢用词牌《蝶恋花》。在古典诗词中，吟咏蝴蝶的佳句俯拾皆是，③ 譬如"花卉蝴蝶浑难辨，飞去方知不是花""狂随柳絮有时见，舞入梨花何处寻""蝶来风有致，人去月无聊"，等。江西派诗人谢逸，曾作咏蝶诗三百首，多有"江南日暖午风细，频逐卖花人过桥"之类的佳句，被人誉为"谢蝴蝶"。

斑斓的蝴蝶，达到了大混大沌的哲学人生"物化"境界。"昔者庄周梦为蝴蝶，栩栩然蝴蝶也，自喻适志与！

**❶** 使用排比的修辞手法，增强了文章的气势和感染力，突出了人们对蝴蝶的喜爱和追捧现象。

**❷** "法定"本是法律规定的意思，这里表示蝴蝶在传统花鸟画中出现的频率非常高，突出了蝴蝶的浪漫艺术感和人们对蝴蝶的喜爱之情。

**❸** 引用大量与蝴蝶有关的诗句，生动形象地突出了诗人们对蝴蝶的偏爱之情。

不知周也。俄然觉,则蘧蘧然周也。不知周之梦为蝴蝶与,蝴蝶之梦为周与? 周与蝴蝶,则必有分矣。"(《庄子·齐物论》) 必定蝴蝶身上可小可大、又灵又动的哲学意蕴,使庄周"才下眉头,却上心头",方没有去梦什么蜻蜓、纺织娘、金龟子、东风螺、寒蝉一类凡俗生灵,而专梦,其实也就梦了一回超然物外的蝴蝶吧。在中国文化里名高千丈的蝴蝶,除受庄周青睐,被艺术点化外,主要的,我想还应该是蝴蝶自身的"争气"吧。

蝴蝶,既属于艺术又属于哲学。浪漫与抽象,是那么和谐地统一于蝴蝶。

① 蝴蝶真美!

**❶** 采用直抒胸臆的方式来表达自己对蝴蝶的喜爱,使情感更加鲜明突出。

## 2

令人难以接受的,是蝴蝶羽化之前,竟然是菜农所深恶痛绝、丑陋的菜青虫。

在这个世界上,真、善、美比较地和谐、统一的物事,当然比比皆是。譬如,春天的燕子、夏天的玫瑰、秋天的菊花、冬天的雪野,但真、善、美绝对统一,即所谓"绝对纯"的物事,在世界上却无法存在,至少也是甚难存在的。

美丽的蝴蝶与可恶的害虫,当是"美丑合一"的代表。美丑合一的物事,地球村还很多,② 比如,鲜丽的植物一品红,顶端的红叶却藏着毒汁。波德莱尔名著《恶之花》,描写的多是巴黎生活的阴暗。这种美丑合一的矛盾,姑且杜撰一个新词,称之为"蝴蝶现象"吧。

**❷** 列举一品红美丽却藏着毒汁,《恶之花》以"花"之名写社会的阴暗等生动的例子,使读者更容易理解什么是"蝴蝶现象",为后文发表"艺术有时候需要'蝴蝶现象'"的观点作铺垫。

"矛盾是智慧的代价。"（钱锺书:《论快乐》）在识破蝴蝶现象之前，人们对蝴蝶已存在美丽的初始印象。蝴蝶现象被识破之后，人们的审美感受，却像天平突然被取走了砝码，顷刻便出现倾斜。有的人在观赏蝴蝶之时，还会竭力不去想其"家庭出身"，企求乌托邦式的完美。除了侥幸的疏忽或遗漏外，还可能出现"矫枉过正"式的嫉恶如仇。① 诗人臧克家，原先也极喜欢蝴蝶，对"蝶来风有致，人去月无聊"之类的诗句，颇为赞赏。抗日战争时期，他家居重庆乡间，辛辛苦苦种植了一畦蔬菜,竟在一夜之间,全被菜青虫"享用"个精光。此后，他便变得视蝶为敌，见蝶即打。蝴蝶美感之于他，尚存几许?

❶ 以诗人臧克家从热爱蝴蝶到憎恶蝴蝶的转变，有力地说明了"除了侥幸的疏忽或遗漏外，还可能出现'矫枉过正'式的疾恶如仇"的情况，作者意在表明这样极端化的情绪是没有必要的。

用科学的尺度衡量艺术，本属无可厚非，但从审美和艺术创造计，我以为科学之于艺术，最好能够采用一种"若即若离"，或者"难得糊涂"的态度。因为严谨与浪漫，实乃烈火与坚冰，或许可以这样说：艺术创造，在于非艺术因素的合理解除。

蝴蝶现象，至少明确地告诉我们：科学向艺术渗透，艺术向科学靠拢（比如艺术摄影），必然会产生相当数量的美学课题；艺术是一回事，功利又是一回事，任何"偏斜"，都是艺术的片面。但在某种情势下，"艺术片面"，还是艺术创造之需。要求艺术尽善尽美，往往会出现创造上的矛盾。② 艺术美，除了纯洁美（如春兰、秋菊）之外，还该有芜杂美（如蝴蝶、一品红）。甚至某些芜杂美，给人的审美感受，还会比纯洁美来得更生动、更丰富、更深刻和更强烈。

❷ 结尾发表观点，使文章主旨鲜明，给人以哲学和美学的启发。

# 延伸思考

1. 品读文章第一部分，找出相关语句来回答蝴蝶美在哪些方面？

_____

_____

2. 什么是"蝴蝶现象"？请列举三个能够体现"蝴蝶现象"的事例（文章提及的事物除外）。

_____

_____

3. 读完文章，你有什么启发？请联系生活实际谈一谈。

_____

_____

# 名叫巧克力的贵宾犬

**名师导读** ▶

　　一提到"贵宾犬"，人们便不由自主地想到"名贵"一词，而在讽刺小说家的笔下，越是名贵的狗就越成了"狗仗人势"的代名词。同样，本文作者在遇到一只名叫"巧克力"的贵宾犬之前也对狗充满了偏见，直到作者和"巧克力"在长久相处过程中，亲眼见证了"巧克力"对主人的依恋、忠诚、感恩行为后，才逐渐明白所谓"狗仗人势""狗眼看人低"等批判狗狗的词都是人为捏造的，至少这些词与"巧克力"毫不沾边……

　　正是狗狗巧克力对主人的

　　无上忠诚，矫正着我对人的看法。

——题记

# 1. 简历

①我这个大家庭，养了一只雄性贵宾犬，名叫巧克力。

贵宾犬也称贵宾，在法国是被视作国犬的，18世纪时，贵宾就顶着贵妇犬的头衔被贵妇人携入法国沙龙，而出入名犬博览会夺金，更是常有的事。鲁迅所述在万国赛狗会上夺金者，我揣想当是巧克力的先祖才是，不是叭儿狗。

人间将贵宾分为巨型、标准型、迷你型和玩具型几种。日前，我量得巧克力肩高35厘米，尾至肩35厘米，胸围40厘米，完全就是迷你型贵宾。

贵宾以高颜值面世。你看巧克力吧，耳朵是下垂之耳，分开如八字衙门，柔软而紧贴头部，甚是自然，耳廓也长而宽，浓密地覆着毛。②巧克力的眼睛，是著名的杏仁眼，虽不算太大、不算突出，但甚圆，要紧的是，眼珠子属少见的琥珀色，甚是机灵。随着巧克力狗到青年，阅世日深，我现在每每读它的眼睛，都能读出它像猴子，甚至对它说："巧克力，你真太像猴子了！"

我作过考证，巧克力的祖先拥有优良的传统，曾经风行欧洲大陆。③法国路易十六时期的浮雕，就见贵宾犬。几年前在德国美术馆，我就欣赏过15世纪画家画入贵宾犬的作品。我至今还记得巧克力被外甥女亭亭领养，第一次到我家的一幕：一拉开背包链，七个月大的巧克力就跳将出来，在客厅里，围着我们

❶ 开篇交代狗狗的品种、性别和名字，使读者对"巧克力"有初步的了解，为下文具体讲述作铺垫。

❷ 对"巧克力"的眼睛进行镜头特写，突出了"巧克力"可爱、机灵的形象特点。

❸ 运用举例子的方法，以法国路易十六时期就有贵宾犬浮雕和15世纪就有贵宾犬图画为例，生动形象地说明贵宾犬拥有优良的传统，曾经风行欧洲大陆的情况，提升说服力。

欢快地跳和叫，跳转了七八个圈圈。亭亭说，是它原主人要出国，将它寄养在宠物医院，说如果遇上真正爱狗狗的人，就让其认养吧，不要钱，前提是要对它好。按巧克力当时的身价至少也是 5000 元吧。原主人何以唤它叫巧克力，我猜测该是它披巧克力毛色之故。<u>①我观巧克力的行为心理，多少可感知，其童年被遗弃的经历，该已刻骨铭心，这是后话。</u>

若让巧克力做个自我鉴定，我相信它会这样自评：聪明活泼，性情温和，气质高贵，记忆力好，好奇心强，喜与人合作，顺遂人意。如有机会，深造一下，想必它也能表演马戏团诸般节目的，它有的同胞不就从业马戏表演吗？祖先的活跃、机警，自信优雅，良好的身材，矫健的动作，巧克力皆都承继了，它也颇自信。

据说巴甫洛夫以喂食吹哨子的实验，以测验狗狗的条件反射，每吹哨子就给狗狗食物吃，几次重复，狗狗听到哨声就能分泌唾液，而后，改为只吹一个特定的哨子才给肉吃，狗狗就改为只对这给食物的哨声发生唾液分泌反应了，这一种非本能的反应，就是"条件反射"。

贵宾犬在世界最聪明的狗狗中排名第二，可我总觉得它该比第一名牧羊犬要聪明得多才是，证据是它的条件反射能力超强。<u>②它一周岁多时，我夹一块肉，让它双腿站立起来叼，它可照办，尔后我只要一亮肉，它即会站起来叼吃，你别以为它叼肉的姿势会不优雅。</u>

巧克力所有的姿态，都很优雅，还不摆什么架子，

① 写"巧克力"的行为可能和童年被遗弃的经历有关的猜测，起到了设置悬念、引发读者好奇心的效果。

② "巧克力"经过"我"简单的训练就能办到立起来叼肉的事充分证明"巧克力"具有超强的"条件反射"能力，突出了"巧克力"的聪明，表达了"我"对它的夸赞和喜爱之情。

很平易近人，也不狗仗人势，不会狗眼看人低，<sup>①</sup>这在今天，已是难得见到的品质，它的肢体语言也蛮炉火纯青的，它善舌舔，善摇尾，偶尔会露露肚皮，也撒娇，让家人抱，喜欢边跳边转身，喜欢与你捉迷藏。

对了，巧克力和它的兄弟姐妹一样都爱运动，天天要去户外散步，说起巧克力的走路，那可是四条腿X状交叉式的，小屁股一扭一扭，十二分可爱。想起来，这巧克力从少年起就颇得小区内好几匹女贵宾的爱慕，为了让巧克力过上安稳日子，免受情感折磨，经大家庭联席会议研究后决定，还是由华南农业大学兽医外科医生亲自操刀，将它计划生育了。

<sup>②</sup>我一直喜欢巧克力，但今天却觉得很对不起它，要知道，贵宾历来可是当护卫犬、牧羊犬和狩猎犬的，更以水中捕猎著称，好春江猎鸭，天生就擅长游泳，然甚是遗憾，我居然至今一次也没有携它去游泳池游泳……

## 2. 怕圈圈

那是巧克力初到半山湾不久，晌午，天正下雨，在家中客厅，巧克力踱着著名的四脚小碎步朝我走来，突然停步，转为立正，尚单纯的杏仁眼，巧目盼兮，似有期待，朝我行注目礼。我知道，它想我逗它玩。恰好我身边有只呼啦圈，我就拿起呼啦圈。没想到它见我手持呼啦圈朝它猫腰过去，离它还<sup>③</sup>两三米远，它已满眼惊恐，躲闪都不是，夹着短尾巴就逃了。

❶ 这句话表面上在夸"巧克力"，实际上讽刺了人类社会那些"狗仗人势""狗眼看人低"的人。

❷ 通过解说"我"遗憾的原因，间接说明了贵宾犬擅长游泳，爱好运动的特点和能够当护卫犬、牧羊犬和狩猎犬等多种角色，突出了贵宾犬的聪明能干。

❸ "两三米远"在这里起到了强调的作用，即"我"离"巧克力"还很远时，但它见到呼啦圈就表现出惊恐的神情，并且逃跑了，突出了"巧克力"对呼啦圈的害怕程度，起到了设置悬念的效果。

当天下午，妻拆洗蚊帐，取出帐顶圈，也朝巧克力走去，巧克力同样惊恐非常……我们觉得好玩，就将圈圈置于茶几和沙发间通道，促引它从通道去钻圈圈，结果你无论如何驱赶它，逼迫它，它就是不钻圈，也不太敢钻，被逼得实在没有办法，又不想被我们捉住，才向着圈圈，犹豫再三缩缩身子，壮足胆子猛然一跃，才窜圈而过，引发我们大笑。

我记得，电视上播过的马戏表演，是有贵宾犬钻圈圈节目的，好看，很是滑稽，那贵宾钻进钻出的圈们还是呼呼燃着火的——何以它们就不怕圈圈呢？这些演员，或许开始也害怕，因了生活所逼，才不得不钻，不得不克服大恐惧吗？

①　如此建立在狗狗恐惧之上的快乐，人的快乐，按动物伦理，是不很尊重狗狗的，起码不够狗道，不尊重狗权。

有人说，不同的狗狗怕什么，也是不同的，此与狗狗的性格有关。

然而，在这个世上，唯有狗狗才是最知道感恩的动物，什么忘恩负义、反戈一击、过河拆桥，在狗狗身上，是从未发生的，狗狗连这些念头也绝不会有，当然，狗狗无疑又是记仇的动物。

②　我猜想巧克力如此害怕圈圈，必定是之前，它吃过圈圈大亏吧，或其童年时，曾受过圈圈的惊吓，或者是因为圈圈的不仁而留下了心理阴影？想想也是，在流浪狗的脑海里，那圈圈，必是大而沉的、恐怖莫名的，还是它们被人抓套的标志。

❶ 发表"建立在狗狗恐惧之上的快乐，人的快乐，按动物伦理，是不很尊重狗狗的，起码不够狗道，不尊重狗权"的观点，批判了人类为了满足自己喜好而去伤害狗狗的行为。

❷ "我"有这些猜测的根据是由狗狗具有条件反射的能力判定的，尤其是贵宾犬的条件反射能力超强。

这些，还不至于使当事狗小小的心灵深受创伤吗？

对巧克力来说，它如此惧怕圈圈，该是它被亭亭领养前，曾有过圈圈带来的痛？小心脏受过伤？

我想起心理学上的观点，说是①<u>大凡胆子小的孩子，长大后一般都较有作为。</u>人和狗狗，皆属动物，都有心灵、有情感、有喜怒哀乐，即便不能完全把人与狗平等看待，至少许多方面，人狗还是相通的；我家巧克力既然如此怕圈圈，比较胆小，这充分表明，在狗的世界，将来它或许还可能叱咤风云，成为名狗，名垂青史，也未可知。

不过，话说回来，谁不怕圈圈呢，甚至是人。

我有位养狗多年的亲戚，近日就专门发信息给我：②<u>她认为马戏团的动物，怕的可能还不只是圈圈，而且是人对它们不专心配合的体罚。她说见过被铁钩钩住的狗熊在做表演，一旦做得不好，驯兽师就不给它好脸色，会大力扯拉铁钩的链条，狗熊即刻痛得直叫……她对此很反感，说从此再也不带孩子看马戏表演了。</u>

其实，无论对什么动物，凡圈圈，无论是否火圈，即便圈套，倘若无法不钻，很可能都有人会钻。当然，人都自以为有思想，自以为既可看清有形之圈，连隐形的圈圈，也可看得一清二楚。

③<u>其实，只要是圈，只要是套进脖子，都必让你不适，凡是狠心紧系过领带的人，都有所领教。</u>

而被圈养的感觉是怎样的呢？这就不适合作过多的想象了。

❶ 这句话的意思是胆子小的孩子长大后做事情比较谨慎、专注，不会任性妄为、冲动行事，所以比较容易有作为，使文章具有哲学意味。

❷ 插入亲戚讲述的关于马戏团驯兽师虐待动物来训练动物以满足观众的喜好的事件，既丰富了文章内容，又揭露了马戏团残酷的现象，引发读者深层的思考。

❸ 以狠心系紧领带让人不舒服的例子生动形象地说明了不论是人还是动物都不会喜欢被圈套住的道理，使读者更容易理解动物的感受，进而引发爱护动物之心。

在我家，再也不会出现让巧克力钻圈圈的恶作剧了……

# 3. 依恋

巧克力恋主，似是天性，令人怜爱。主人睡觉，它必在床下陪着，①通常是以蜷伏的身子压着蚊帐。何以如此？可能是只要主人起床，它即可感知，可以跟随。

我们户外散步，它必紧跟主人，当然，似鲁迅先生说的被主人以一条细链子牵在脚后跟的情况也有。主人落座客厅沙发，在旁边陪着的，不可能是别人，主人起身走向房间，它也会跟在主人屁股后面。如果巧克力在浴室门外趴着小憩，必定是主人正在里头沐浴。都说贵宾狗狗黏人，其实主要还是黏主人。

主人不在家时，它黏主人的形式，则修改成盼，盼主人归家！

我亲见好多次，主人亭亭早早出门，晚上迟迟未归，巧克力就几次走到家门的后面，②嘴脸对着紧闭的门，静静而长久地站，脖子伸得笔直且长地站，任谁看到，都知道它等待什么，那情景，令人感动，也让你有些心酸。

巧克力两岁之前，主人每每上班出门，都少不了对它交代："我要去上班，你看家！"③它本来还兴高采烈的，一听到这话，会马上趴在地板上，像一团抹布，情绪甚是低落。

有一年春节前，巧克力被关入一个笼物托运箱，

**①** 通过对狗狗用身子压着蚊帐的细节进行描写，突出了狗狗对主人的关注和依恋，令人感动。

**②** 对"巧克力"等待主人时的动作和神态进行描写，生动形象地突出了"巧克力"对主人强烈的依恋之情。

**③** "巧克力"知道主人要去上班后失落的样子说明狗狗是具有灵性的动物，既表达了作者对"巧克力"的喜爱和心疼之情，又体现了作者呼吁人类要善待狗狗的心声。

从广州搭乘飞机飞泸州，回到了主人亭亭的外婆家，亭亭那天下午去医院陪护住院的外婆，出门时一时疏忽，没有对巧克力有所交代，于是，天一擦黑，它就站到家门后，开始盼，直盼到午夜，很是失望，但仍不放弃，改为跳上主人常坐的藤椅，先是站，站累了，就坐着，而头，仍朝着门户，望眼欲穿……家人都对它说亭亭今夜不回来了，你不要再盼，有我们在，它就是听不进群众意见，盼望依然……

随着年龄增长，我感觉巧克力的内心也日益丰富起来。根据狗狗的心理和体质状况，动物学家得出狗狗与人类年龄的对应关系。

狗狗 1 岁龄时，相当于人 17 岁，2 岁龄相当于 24 岁，15 岁龄相当于 76 岁龄，如果高寿至 20 岁龄，则已近似于 96 岁的老人。① 鉴于此，巧克力 3 岁，已相当二十七八的堂堂须眉男子。想来也是，现在巧克力也越发懂事了，主人挎包出门，不再说"上班"，它也不会尾跟，除偶尔仍像泄气的皮球趴上地板，多数情况是站着，甚能接受独守空房的现实，处之泰然，当然其内心深处，对主人依然是无限依恋的。

正是巧克力对主人的依恋，尤其是依恋情深的眼神，对主人的无上忠诚，让我完全改变了以往对狗狗的看法，② 我现在已对"狗腿子"一词有了新的认识。

狗腿子，不就是狗狗对主人无上忠诚的表现吗？对主人、主子忠诚，乃至感恩，有什么不正常、不应该？不是很合情理吗？

网上流传的一个故事说，一只饿得眼色发绿的狗

❶ 运用类比的方法，以二十七八的男子汉来类比 3 岁的"巧克力"，便于读者了解"巧克力"变得懂事的原因。

❷ "狗腿子"原本是贬义词，多用来骂那些给有势力的坏人办事情的人，这里采用反语的方式，贬义褒用，既突出了"巧克力"对主人的依恋和忠诚，又增添了语言的趣味性。

狗，因了男青年的一饭之恩，就视男青年为主人，就依恋一路，一路紧跟着骑自行车游西藏的主人，以四条腿跑路，风雨无阻，不辞辛劳，几千公里路云和月，硬是跑着，追随骑车主人走进西藏……

巧克力的行为和心理，表现出狗狗比其他动物对主人有更多的忠诚，如此的忠诚是可贵的，也是高贵的，①忠诚出于感恩，感恩因为记忆，记忆强化依恋，依恋又复习忠诚……我点赞如此的美德！

## 4. 主人排序

②早晨，我欲携巧克力下楼去遛，它态度虽有些勉强，但还是跟我入了电梯，走到楼下草地，它抬腿匆匆尿尿完，就猛一掉头，急冲，要回家。原本我想带它去后山继续遛的。我只好追至电梯间，它见状，马上从二楼楼梯跑了下来，它该是见电梯门没开，想上楼梯回家，又心有犹豫，便在二楼等我。

巧克力何以如此呢？

③必定是前一天，我带着它在后山边遛过一段时间后，它要回家，我不让，它便站着，稳站，似与我有所对峙，我竟就过去，轻轻地打了打它的屁股，还加了轻声的几句骂，它，竟就记住了。

深层的原因，是我尚不是它最信任的第一主人，就是说，它对我，还够不上信任。

这是有背景的。

之前，每次它的第一主人我外甥女亭亭出差，它

① 采用"顶真"的手法，使句子结构整齐，语气贯通，突出了"忠诚""感恩""记忆""依恋"之间环环相扣的联系，达到引人入胜的效果。

② "巧克力"奇怪的举动起到了设置悬念，激发读者好奇心和阅读兴趣的效果。

③ 解说"巧克力"奇怪行为的原因，起到了释疑的效果，让读者明白事情的来龙去脉，也突出了"巧克力"记仇的特点，同时为下文写"我"不是"巧克力"最信任的第一主人作铺垫。

无法跟去，就必然是养在我家，这时节，似是天性，它马上会选择临时的第一主人，这算是历史的选择，但却有个规律：因它是男性吧，所以新晋第一主人必为女公民，我的意思很明白，尽管我对它的关心不亚于其他家人，即便我集三千宠爱在于它一身，它也不会推举我做第一主人。

　　这几年，每到暑假，亭亭都要出国度假，于是巧克力就吃住在我家。确乎，巧克力怎能一日无主人呢。亭亭的大姨，就历史性地享有了巧克力第一主人的 ① 殊荣。自然，从动物心理看，它对亭亭无上忠诚行为、感恩行为、纯洁的信任，就可以理解地有些战略转移，大姨走到哪里，它的眼神就跟到哪里，那可是信任、依恋、感恩的眼神，也是与它获得的呵护和照顾质量成正比的眼神。

　　显然，在巧克力眼里，你是不是它的主人，有没有资格当它的主人，完全取决于你是否取得了它的绝对信任。唯信任度高且稳居首位者，才享有资格做第一主人。

　　但是，这信任度的发生却是需要历史过程的，需要与主人有一段日月的亲善相处，经由反复的认知、分析、互动和相适，即对主人的态度、气味、品貌、语言、情绪，生活规律，尤其主人对它的照顾和关心程度，已然熟知并且认同和适应，它对你，才可以生长起绿色的信任，这可是水到渠成的信任，是将自己的生活，乃至性命，都托付于你，② 与你这位主人建立起禾苗与稻田般相依关系的信任。

　　亭亭之所以能成为第一主人，除了基于她对巧克

❶ "殊荣"是特殊的荣誉，这里写被"巧克力"视作第一主人是一件特别光荣的事，体现了全家人对"巧克力"的喜爱之情。

❷ 用禾苗和稻田的紧密关系来类比狗狗和主人之间的信任关系，化抽象为具体，便于读者理解。

力的领养，更多的是基于她对巧克力深长的宠爱。

某个暑假，巧克力在我家已生活一月有余，大姨任临时第一主人算来也已日久，然而，即如此，我还是发现，巧克力偶尔还会悄然迈着小碎步，步入亭亭常住的卧室，久久立正，长久地发呆，居然一次还专门一跃就跳上了床，抬起头颅，悄然久坐……我们都明白，这小东西是在思念亭亭了，它该是在想：① 主人该快回来了吧！

**❶** 作者想象着"巧克力"的内心活动，生动形象地写出了"巧克力"盼望亭亭的神情，体现了狗狗对主人的深情。

那天中午，喜鹊在楼下闹叫，我家门铃响了，巧克力一听急急地就冲到家门后面，热切地吠着……果然是亭亭回来了！亭亭甫入家门，巧克力一见，就抑制不住，惊喜着跳来跳去，却又不直接朝亭亭怀中扑过去，而是跳着，在空中急切地转身，先围绕大姨激动地叫跳，又一转身，才围着亭亭大声地叫，兴奋地跳，反复三四次……当亭亭弯腰去抱它时，看得出它被高兴鼓动着，却仍似躲非躲，一双黑色的杏仁眼，直直地、深情地看着亭亭，一会儿，又回过眼，感恩地盯着大姨……

## 延伸思考

1. "人间将贵宾分为巨型、标准型、迷你型和玩具型几种。日前，我量得巧克力肩高35厘米，尾至肩35厘米，胸围40厘米，完全就是迷你型贵宾。"这段话用了哪两种说明方法，有何作用？

_____

_____

2. 仔细品读文章第三部分，概括回答成为"巧克力"的第一主人必须具备哪三个方面的条件？

_____

_____

3. "它被高兴鼓动着，却仍似躲非躲，一双黑色的杏仁眼，直直地、深情地看着亭亭，一会儿，又回过眼，感恩地盯着大姨……"文章如此结尾有何好处？谈谈你的理解。

_____

_____

# 湄南河的神仙鱼

名师导读▶

　　在南美洲生活着一种拥有大鱼鳍、宛如天使的翅膀的鱼类，这种鱼被人们称为"Angelfish"，用中文来说就是天使鱼或神仙鱼。本文以神仙鱼为描写对象，描述了作者在湄南河亲眼看到神仙鱼群在水中吃面包的场景。作者用灵动的文字展现了神仙鱼银须潇洒飘逸、体态丰腴而扁长、肤如银灰色凝脂的外观特点以及祥和自如、和善超然、在水中自由滑行时宛如神仙的情态……

　　　　　　　环境如好水，才生鱼之乐。

　　　　　　　　　　　　　　——题记

**❶** 作者开篇说神仙鱼是最像鱼的鱼，意思是神仙鱼在水里生活得最为悠闲自得、无忧无虑，突出了神仙鱼的神仙般的生活状态。

①神仙鱼是著名的河里生活得最像鱼的鱼。

　　如今不少鱼，仍生活在被污染的水里，浮浮沉沉。湄南河，或曰湄公河，污染居然不重，浩浩荡荡的水，宽宽汤汤的水，汹涌地南流，我注意到，在我们的游船船行的好长一段时间，神仙鱼全都真鱼不露相，潜藏在大水里。当我们这几条游船滑近一片木结构水上人家时，临近船舷的水面，突然就发出一阵阵宏大而泼剌剌的水响，那传闻中的神仙鱼如风吹草低后的牛羊一般，一个集团又一个集团地暴露，一个劲地露头、浮背，也潜行。这可是我从未见过的神异的鱼。这些神仙鱼，头似塘虱，大过塘虱，银须潇洒飘逸，体态丰腴而扁长，肤如凝脂，不，如银灰。尽管一条条若隐若现得犹同古华夏浔阳江头琵琶半遮面的歌女，却自自如如地浮沉着，来了！来干什么？吃我们投下的一朵朵面包屑。我要强调的是：<u>①眼前这鱼情、鱼态确乎真是自如得如神仙哪，这些团队，全无争抢之意，没有哪一个不是随缘、悠然、泰然、自然、超然，一张口便吞入奉送的进口的、免费的午餐。</u>友人大概有些难以置信，也可能一时神志恍惚，赶紧紧抓船舷弯腰动手去摸，居然就摸着了，猛扭头，对我说："是鱼！手感果真是鱼哪！"

这神仙鱼呈现出如许佛性：祥和、平和、神秘、自如、自适、和善、超然，有吃即吃，宛如神仙，似泥鳅在湿泥中自在滑行，是非常自在地就在水里滑行……

神仙鱼，不但是泰国人视之等同于中国黄河长江一般的母亲河中水的精灵，而且还是湄南河的善之表现。或许，正是由于神仙鱼具有独特的个性、佛性，才教我认定其无法不是最能令我思想、最不似生活在凡间的鱼。

何况，这神仙鱼还是民间免除宰杀的鱼，一直生

**❶** 采用场面描写和镜头特写的方式，描写了神仙鱼群在水中吃面包屑的场景和情态，具有极强的画面感，同时也突出了"我"见到神仙鱼时惊喜愉快的心情。

活在这世界著名的大水里，一直尽情地享受大水乃至大自然的赐予。

❶ 化用庄周说"鱼之乐"的典故，突出了神仙鱼快乐的状态，同时增强了文章的文学气息。

①我非鱼，当然更非庄周，然我仍坚定地认为：神仙鱼可谓深得水之乐也。

往大水里放生的包括神仙鱼在内的许多放生物，在存善的所在，均能生活得安然、自在吧。

❷ 采用卒章显志的手法结尾，表达了人们只有尊重和敬畏自然才能达到人与自然和谐发展的美好境界的观点，启发人们生态保护的意识，升华了文章主旨。

②在这自然已经不再神秘的科技时代，唯有人对自然的尊重乃至敬畏能够臻入好的境界，人与自然的关系，才有可能走向真正的和谐……

## 延伸思考

1.品读文章内容，找出"神仙鱼"得名的原因。

2."突然就发出一阵阵宏大而泼剌剌的水响，那传闻中的神仙鱼如风吹草低后的牛羊一般，一个集团又一个集团地暴露，一个劲地露头、浮背，也潜行。"这段话从哪两个角度写神仙鱼出现的场景？有何妙处？

3."神仙鱼，不但是泰国人视之等同于中国黄河长江一般的母亲河中水的精灵，而且还是湄南河的善之表现。"谈谈你对这句话的理解。

# 鼠

名师导读

　　作者围绕"鼠"展开，首先对老鼠的外观、行动、声音、生活习性、种类、数量、繁殖能力、对人类的危害等进行了相应的科学介绍。其次，描写了米老鼠形象、老鼠漫画内容，引用了与老鼠相关的文学作品等来丰富文章内容，增添趣味性。最后，作者联系人类社会，提出自己的感悟，鞭挞了那些如同老鼠一样狡诈、贪婪的人类，升华了文章主旨。使文章内容具有科学性、趣味性。

------

假如这个世界上真的没有了鼠，将会怎样？

——题记

　　① "过街老鼠，人人喊打"这句话，华夏民族喊了几千年，代表了民心，可在今天，却别有几分滋味。

　　无论哪种"鼠"，都是值得打、必须打的。说句公道话，这鼠，说其没有几分可爱，没几分特色，也不公道。现

**❶** 以大家都熟悉的谚语开篇，引出话题，不但能够拉近与读者的距离，而且能增添文章的趣味性，而"别有几分滋味"则设置了悬念，引发了读者的好奇心。

87

实中的鼠，除长有尖尖的吻部、稀拉的胡须，尖而细的耳朵，且拖着长而柔的尾巴。光天化日之下，行走起来，不，窜起来，可真是轻快灵巧若飞。至于"吱吱"的叫声，也很是高调，恐怕只有它才能叫得出来。鼠入艺术，身价百倍。书《兰亭序》之笔，据考还是鼠鬃制的。美国人捣鼓出的米老鼠，得到全世界儿童的普遍喜爱。你看画家韩美林先生笔下，那鼠竟真招人喜爱。

苍茫大地，随处有鼠出没，天上"飞"（松鼠）、地里窜、水中游、屋里躲，经常搅得人间不得安宁。动物学家考证，世界上鼠有 180 多种。鼠何以这么多子孙绵绵不绝？因为鼠狡猾！<sup>①</sup> <u>看过一幅漫画，画的小鼠记者爪持话筒采访鼠爷，讨教长寿之道。耄耋鼠爷说："凡灭鼠周，绝食七天！"</u>鼠天生色盲，无戴近视眼镜，似乎也没有什么责任担当，一米开外必"月朦胧，鸟朦胧"，但遇紧急情况，准比谁都溜得快，何故？因为，其有良好的听觉，还有比男人厉害得多的胡须。世人追鼠、打鼠，鼠大都顺墙根开溜，实行窜行主义，是因为墙根利于其发挥胡须判位的触觉功能，便于落荒而逃。老鼠尾巴，可颇不简单，是走细绳、电线的平衡器，也是出入油瓶解馋的盗油杆。

<sup>②</sup> <u>鼠与黑夜，一直是孪生兄弟。</u>鼠的事业，乃不劳而获、偷偷摸摸的事业，所以鼠与黑夜可谓"黑"味相投。鼠惯于长夜过春时，无法不葆害怕光天化日之习性。晨光微熹，鼠便转入黑洞，以近黑为良策。

有人说，假如不灭鼠，听之任之，鼠必成大气候，几可成群结队，招摇过市，甚至疯狂起来会将世界啃光。

❶ 描写漫画内容，不但增添了文章的趣味性，而且突出了老鼠耐饥饿、寿命长的特点，给读者留下了深刻的印象。

❷ 把老鼠和黑夜比作孪生兄弟，生动形象地说明了老鼠夜间活动的生活习性。

此说虽然有几分夸张，却不是无一点道理。一是因为鼠未建立生育管制的措施，繁殖力惊人。[①]母鼠怀胎只需 21 天，每胎可产 5 只至 6 只幼鼠（世界纪录是 1 胎 24 只）。鼠分娩当天，即能再次怀胎。雌鼠出生 30 天，便入育龄期。二是鼠牙锐利如锥，又长得快，20 天就可以长 1 厘米。据我理解，鼠喜啃硬物，是因为须磨短牙齿，以解决合不拢嘴似笑之忧也。可怜那鼠在"吱吱"啃咬家私之时，心中也有难言之苦，只是百姓实难体味而已。

世人厌恶鼠，以鼠之聪明，当然心中有数，但鼠却喜与百姓"同居"——同享家居生活——揣摩人情冷暖、世态炎凉。入夜，从洞口探头探脑一番后，伸爪出来，自然要盗享美味佳肴，这比在山野、田间，要方便得多。而入住高楼深院，还不必担心购房按揭，一样可遮风避雨，更不怕电闪雷鸣。人鼠"同居"，要命的是可能传染鼠疫。鼠疫有多可怕？你翻阅一下法国作家加缪的长篇小说《鼠疫》便可知。[②]现在普遍认为黑死病是由一种名为鼠疫的细菌引发的，史载 1348—1350 年，欧洲死于黑死病的人数竟达 2500 万，触目惊心。

灭鼠，竟是人类伟大的事业，但投鼠忌器，只能搞搞中庸之道：养猫！自从养了猫，大抵世人以为灭鼠已是猫的"本职工作"了吧，"越职"行为就大为减少，站出来喊打者更少。当然，喊打之声仍常有，也只是喊喊而已，而且很是小心。

近读外国小说《人鼠之间》，突悟：原来人与鼠也是能够"并列"的，尤其是那些贪得无厌的硕鼠……

**❶** 采用列数字的说明方法，21 天、24 只、30 天等具体数据，有力地说明了老鼠繁殖能力超强的特点，体现了文章语言的准确性和严谨性。

**❷** 采用举例子的说明方法，以鼠疫引发的黑死病为例，有力地说明了鼠疫的恐怖和可怕，令人惊叹。

## 延伸思考

1. 品读文章，用自己的话解释鼠子孙绵绵不绝的原因。

_____

_____

2. 老鼠对人类有哪些危害？请从文中找出来。

_____

_____

3. "原来人与鼠也是能够'并列'的，尤其是那些贪得无厌的硕鼠……"谈谈你对文章结尾这句话的理解。

_____

_____

# 萤火虫

罗曼·罗兰说过："世界上不是缺少美，而是缺少发现美的眼睛。"只要用心去感受，哪怕一只小小的萤火虫也会让人感受到大自然之美，感受到生命之美。作者不但用科学的眼光去观察萤火虫，解说其发光的原理，而且用发现美的眼睛去欣赏夜空中萤火虫所发出的微弱的光，感受其朦胧之美、神秘之美；不仅如此，作者还用哲学的思维去分析和联想，由物及人，揭示了萤火虫的象征意义，表达了作者对平凡之人团结起来的伟大力量的赞美之情。

莫以善小而不为，莫以光弱而不亮……

——题记

① 夜读著名科普作家贾祖璋的科学小品《萤火虫》。"被捉住的最初是用它来赌胜负，就是放在地上用脚一拖，在地上画起一条发光的线，比较哪个人画得出来，

**❶** 引用科学小品《萤火虫》中描述吸引读者的注意力，为下文萤火虫发光原理和光之美的内容作铺垫。

就作为胜利。不消说,这是一种残酷的行为,真所谓'以生命为儿戏'的了。"读至此,心中不禁凄然,想:发光微弱的萤火虫,也太弱小、太平凡了,平凡得几至平常。在这个世界上,平常而又弱小的生命,命运真是莫测的。

然而,萤火虫却是具有独特之美的。

萤火虫能够发光就是非常奇特且神妙的事。雄雌萤火虫都能发光,而雌虫的光度稍微弱一些。萤火虫的发光器在腹部第六七节的腹面,这腹面在白天看去是灰白色的,只有在黑夜才能让人看到发光。① 何以能发光? 因为腹部的发光器,含有含磷的发光质和催化酵素。发光器上有一些气孔,空气进入气孔后,发光质就会在催化酵素的催化作用下与氧气发生氧化作用,使化学能转化为光能,于是产生出或黄绿或橙红、亮度也各不相同的光亮。萤火虫发光的颜色不同,是由于它们所含的发光质和催化酵素存在差异。萤火虫发出的光却是冷光,没有热量。

② 萤火虫在我跟前一流一闪,好像夜的天穹漏下的星光——这是我当年初秋之夜偕小儿在郊野散步时突生的感悟。这种大白天无法看见的"星光",这一类平常而弱小的美却是夜海愈阔大、愈深,愈能陪衬和展示其美的。夜,是萤火虫实现生命之至美的背景。

旧闻穷孩子随月读书,似不甚为怪。然听说有人捉大把萤火虫囚于瓶中,就着凝集的其实也还是微弱之光来夜读,便既感奇异,又多少涌些酸楚了。而想到萤火虫一生生命只有短暂的二十来天,都是努力发

**❶** 运用设问的手法引起读者注意,进而强调萤火虫腹中发光器中含有含磷的发光质和催化酵素,这是萤火虫发光的原理。

**❷** 把萤火虫比作天穹漏下的星光,生动形象地写出了萤火虫在夜空中所发出的微弱、朦胧、美丽的光芒,体现了"我"在郊野散步看到萤火虫时的愉悦心情。

光，则在神奇、凄美之上，又给人奋发向上之感。

东邻日本的茶道、大相扑和花道，早已名闻遐迩，其震撼人心之力、之美（姑且不论其是否属病态美）我以为主要还不在内容，而在其由仪式性或程式性泛生升华而至的哲学抽象。但凡属平常的事，一经抽象，蒙上佛一般雾一样的神秘，就不那么简单了。

①在浅浅的初夜，或在迷离的雾岭，看石、看树、看花、看鸟，物象不是因轮廓模糊简单有如剪影而略显朦胧美和神秘美吗？萤火虫之美就与此很是相似。中国古代墨客骚人杜撰的腐草为萤之说，尽管并不符合科学道理，然却使萤火虫蒙上了朦胧神秘之美。如此一来，当实际上依然还是孱弱、平凡乃至平常的萤火虫，在夜里，出于一种生命律动，一种本能，流动于芦甸、草丛、溪涧、河塘之时，使人生发出的有关遐想，就"不那么简单了"。

多年前我的居所还属郊野，每当夏夜秋夜，夜幕降临，在松林、蓬间、屋脊，一闪一闪的萤火虫还可偶尔看到。久居都市繁华之人，惯看的皆是商业性的霓虹华灯，对萤火虫惯常是熟视无睹了吧。

但是，倘若许许多多萤火虫，也营集起来，并且形成一个蓬松、飘移似飞碟一般的大的光团，流经一个地方，一闪闪地，就映亮一个地方，那情形，又该给人怎样的神奇、怎样的美感呢？

**❶** 采用类比的方式，以初夜看岭、石、树、花、鸟等朦胧的景象来类比萤火虫发出的光的朦胧美和神秘美，化抽象为具体，便于读者理解，同时也能加深读者的印象。

# 延伸思考

1. 仔细阅读文章第三自然段，分条概括萤火虫发光的原理和过程。

_____

_____

2. "久居都市繁华之人，惯看的皆是商业性的霓虹华灯，对萤火虫惯常是熟视无睹了吧"中"熟视无睹"是什么意思？这句话想要表达什么，谈谈你的理解。

_____

_____

3. 文中说"旧闻穷孩子随月读书，似不甚为怪"，简述一个你所知道的关于萤火虫"陪读"的故事。

_____

_____

# 第三辑

## 本色南瓜

粤东客家民谣："四月吃南瓜。"在过去那"一穷二白"的日子里，在南方，尤其在粤东山区，南瓜一直是和青黄不接、仓中乏粮的"四月荒"联系在一起的。那时节，对天地人要求不多，却长得大、实、美，静静地蹲在天幕下地上的南瓜，既是自然界无私馈赠人间的奢侈食粮，也是农家最看得见、摸得着的度荒食物。

【预测演练】

# 本色南瓜

①黄昏做饭，削起南瓜，南瓜特有的清甜气息，就在厨房里弥漫开来。闻着南瓜的清甜气息，我不禁陷入了沉思。

②早春布谷声里，农人会从瓮里请出灰白或黄白色的南瓜种子，晒晒太阳后就将之浸入刚刚好不至于烫手的温水，一般浸种需大半天，然后转移入盆钵，这是催芽，约莫过两个昼夜便可发芽。

③童年时，我喜欢跟祖母去菜畦种南瓜。祖母将发了芽的南瓜种子，从陶钵挖起，植入湿润酥松的畦里，每穴植一两粒。种植方式是以木棍扎个穴，点播，浇透水后，再覆盖一层含草木灰的薄薄的营养土，畦上还要搭一片半遮阳的稻草棚。

④南瓜性情温和朴实，对土地要求不高，对这个世界的索求也不多。你只要选好四边开有排水沟、地下水位低些、稍稍肥沃的畦地，整整平即可作南瓜地。

⑤南瓜种子植入菜畦后，不出几天，心形的叶子就出来了，一

天天见长。夜露朝露经常有，再浇几回水，南瓜叶儿就日益增多，热闹起来。这嫩生生的南瓜叶儿，单叶互生，两面密被茸毛，叶缘及叶面泛着白斑，边缘则是不规则的锯齿，以手抚之，尽管感觉很柔软，然却微微扎手。又过几日，花冠钟状、雌雄同株异花的南瓜花儿就开了。这粉黄粉黄中稍泛微红的南瓜花，千百年来，一直都在静静地开，悄悄地开，有些寂寞地开。

⑥南瓜花凋谢后，花座下的南瓜雏形便彻底露面了，如同走向少女、日益俊俏圆满起来的农村小姑娘；也有些像灯笼，内充乍寒乍暖的山野之气，沐浴时紧时慢的天籁，由虚而实；还仿佛大有容纳天地苍茫之势，一步步丰满成扁圆形。而且，瓜纹也相应地由密而稀，由深而浅，皮表纵沟相邻，如柚瓣隆起。愈长愈实，愈长愈静。色，则由嫩绿而青绿而黄绿，及至秋风初起，则呈出黄褐色。粤东客家民谣："四月吃南瓜。"在过去那"一穷二白"的日子里，在南方，尤其在粤东山区，南瓜一直是和青黄不接、仓中乏粮的"四月荒"联系在一起的。那时节，对天地人要求不多，却长得大、实、美，静静地蹲在天幕下地上的南瓜，既是自然界无私馈赠人间的奢侈食粮，也是农家最看得见、摸得着的度荒食物。经常是农人把半大不小的南瓜，从地里抱回来，洗去泥土，若皮嫩自然用不着削皮，也舍不得削皮，置于案板，切得案板"笃笃"响，尽量切得大块些，投入锅里，有时还投入一把两把米，或者再撒进一把番薯干，就让大柴火小炭火煮粥。常常米还未煮烂，农家饥饿的孩子，就躲着大人，揭起蒸汽直涌的锅盖，迫不及待地用木勺捞南瓜充饥。那时，好多农家甚至基本要靠南瓜充饥度日。

⑦南瓜还是那个南瓜，然而，随着生活的富足，在今天，许多人吃南瓜，已是为了食疗，或者是为改善食谱。

⑧每当妻从街上买回南瓜，可以烧蒜白吃，南瓜烧蒜白，色彩

分明，最能吃出清香甜鲜。也可与绿豆混入压力锅，熬汤，熬汤的老南瓜，千万莫去老皮，那老皮吃起来，最粉得有滋有味呢。然而，南瓜在今天却谁也不会多吃了，大家知道吃多了易生中医说的"湿气"，而这些，在生活贫穷时，是谁也未及计较的。

⑨今天吃南瓜，我还时常想到"本色"两字。想到自己现在虽栖居繁华的大都市，但本质上还是从山野走出来的，是山野的儿子，不能忘记苦难的过去，不能淡忘清淡的本色。——南瓜的本色是什么？我以为就是清淡吧。南瓜从地里抱回家，置谷堆里或厨房，日子愈久，其色愈金黄——清清淡淡的金黄。南瓜，以其金黄色的清淡，教人回味：无论是否艰苦的岁月，都得对一瓜一果感恩；在幸福指数较高的日子，更得生活得清淡。

⑩纵使千年万年后，我想，这南瓜，仍当在土地之上，舒展藤叶，摇摇曳曳，朴素结实，敦敦实实，宛如黄金……

1. 请赏析文章第③段画波浪线的句子。（3分）

_____

_____

2. 文章第⑤段画波浪线的句子运用了什么手法？表现了什么特点？（2分）

_____

_____

3. 结合全文，简要分析第②段的作用。（4分）

_____

_____

4.分条概括文章中"南瓜"的特色和功用。（4分）

_____

_____

5."本色南瓜"中的"本色"到底指什么？请说出你对"本色"的现实意义的理解。（3分）

_____

_____

# 澳门莲花地

　　文章围绕"澳门莲花地"这一标题展开，分为了七个部分，结构简明，内容具有深度，体现了莲不同的象征意义。第一部分文章交代了澳门被称为"莲花地"的原因；第二部分主要描述了妈阁庙，间接体现了澳门被葡萄牙侵略的屈辱历史；第三部分写莲峰庙，以林则徐禁烟为典例体现澳门人民反侵略的精神；第四部分以澳门人视"莲"为神，来展现澳门人民深厚的爱国之情；第五部分写澳门的多元素文化，体现澳门人民对祖国文化的坚守；第六部分写"莲"象征着祖国统一；第七部分再次升华，表达了作者期盼人与自然、人与人都能和平共处的心愿。

既不容卑污，亦和美包容，乃莲的大德。

——题记

# 1

澳门被誉为"莲花地"，源自清人张甄陶著《论澳门形势状》，张甄陶在读华官所绘的澳门图时，惊喜发现澳门的地理形貌恰似"莲花地"。今天我拉近卫星地图俯视，同样可见澳门，像极了莲花：① 莲根长在珠海前山，那条经珠江水挟泥沙堆积宛若脐带般崛起的长长沙堤，则像莲茎，将内陆和莲心澳门骨肉相连，那大小十字门、氹仔、九星洋、多星山和马骝洲，无疑就是莲花瓣。

澳门几日，我和团友镜海观澜，穿行大街小巷，深感"莲花地"，许多街巷地名，都缀"莲"字：② 莲花路、莲花街、莲径巷、莲花园形地、莲花海滨大马路、莲径围、莲花径，还有荷花围……那澳门特别行政区的区旗、区徽上，更是有"莲"……随处可观可感的莲，教你惊喜、沉思。

那天午后，无风，威而酷的太阳，晒人如蒸桑拿。大家刚走进驻澳部队营外的树荫，我便惊喜地发现坡下，是莲叶连绵的大片湿地。

大家也发现了，都惊喜着，鱼贯而下坡。

我凭栏细看，看这后来才知道水域面积竟达百余亩的莲湖，除了湖心蓝幽幽倒映天光，余皆莲的世界，水柔柔阔远远连绵的一朵朵绿，你拥我靠的……你刚

① 运用摹状貌的说明方法，生动具体地形容了澳门构成如同莲花的哪个部分，具有很强的画面感。

② 列举了莲花路、莲花街、莲径巷、莲花园形地等一系列带有"莲"字的名字，充分说明澳门的大街小巷都与"莲"有着紧密的联系。

❶ 引用团友的话来说明在寸土寸金的澳门，人们却舍得用这么大片湿地来种莲花，突出了澳门人对莲花的喜爱和重视程度。

感觉清凉，就听得身旁的团友说："①这澳门，寸土寸金的，居然舍得让这么一大片湿地来种莲花！"

我很有同感，突见一团团湿漉漉的人工雾从莲间喷出。

我突然想明白这是个什么所在，就转过身来，却见莲湖岸上静着一排翠绿安静的葡式小别墅，一问，竟还是澳门城区世界文化遗产的一部分——"龙环葡韵"！导游告诉你，"龙环葡韵湿地"，已属澳门八景之一，还入选了"中国十大湿地"。

我随喜而赞叹，却想这么个好景致，倘若雨天，坐在清新淡雅依然的葡式别墅廊下，看雨中朦胧的莲，或者在晴日，湖畔凭栏，品赏荷叶的清凉、自在和洁美，可真是人生至乐也！

自然是精神的象征。

——［美］爱默生

离开葡式建筑后，大家沿莲湖畔小草挤满石缝的路径北行，转了个小弯，我眼前突然一亮，原来出现了更为阔大的莲花世界，一朵朵盛开得难见边际的莲互相簇拥着，于炎阳下，似在团体祝福什么，你明白：进入澳门"莲花节"主展场了……

我很久以来都期盼欣赏到连绵无边的莲，你认为唯阔大无垠的莲，方能极致地展示莲的形神大美！

黄昏，回到下榻的宾馆，我急忙翻开澳门慈善学校赠阅的《民政资讯》，果见上载：

① 澳门回归祖国后，每年六月都要举行荷花节。今年作为"第三十三届全国荷花展览暨第十九届澳门荷花节"，澳门各个地方请来了包括国内各省、市的荷花数万盆，荷花主展场设在龙环葡韵，以五千盆莲花构筑"大唐盛世"主题风情画……

❶ 引用《民政资讯》上记载的内容，交代了澳门莲花节举办的时间、规模、主题等，有力地突出了莲花在澳门的重要地位。

## 2

对于中国人，"莲花地"之说无疑大有深意，会教人联想起北宋周敦颐的《爱莲说》，② 虽然《爱莲说》只道及莲"出淤泥而不染"，并未说及出污泥，更未说出污水和污气，其实想想就明白，莲叶一出水面，面对的，仍是不很洁净的空气社会。

何况，水之下的污泥，那经由工业革命激荡的传统污泥，已嵌入化学异质和细菌，成分复杂，已是问题污泥，污泥里的水乃内涵丰腴的"肉质水"。

——这些都表明，莲欲成就高洁，并不易。要出污，必须有大包容之心，那包容方式，还得有"自生式""自觉式"和"屈辱式"……

也是一个下午，大家来到了妈阁庙。妈阁庙，原称妈祖阁，别称天后庙，面朝大海，背山沿崖筑就逾五百年，是澳门最古久的庙宇，也是澳门最著名的名胜古迹之一。

③ 相传五百多年前有位福建商人，乘船航澳门，中途遭遇恶风骇浪，幸得妈祖显灵相救，转危为安，商人赚得大钱后，遂出资建起这座庙。

❷ 引用周敦颐"出淤泥而不染"的名句来评价"莲"，同时指出这句话没有说出污泥、污水、污气，观点新颖，为下文写"莲"要保持高洁并不容易作铺垫。

❸ 采用插叙手法，写福建商人建造妈阁庙的故事，丰富了文章内容，增添了文章的趣味性。

那天一样烈日似火，陆海之上空气奇稳，闷热异常，我攀上山门，入庙，迎面的石壁上，多是数代官员和墨客骚人见证沧桑的摩崖石刻，石阶和曲径相连，古树与花木错杂，奇石沉稳，古朴庄严，颇有园林的典雅幽静。

我突然想起妈阁庙属道教，本该称"观"，可庙里却既供奉天后妈祖，也供奉佛教的观音菩萨，而让我更惊觉的，是山门前那片临海的不平之地——古码头，竟就是葡人首次"进入"中国的"登岸"点……一念及此，我不禁想起闻一多先生的《七子之歌·澳门》：

**❶** 引用《七子之歌·澳门》的歌词，体现了澳门人民热爱祖国、盼望统一的热烈情感，而这也是澳门人民赋予"莲"的象征意义。

① 你可知妈港不是我真姓？

我离开你的襁褓太久了，母亲！

但是他们掳去的是我的肉体，

你依然保管我内心的灵魂。

那三百年来梦寐不忘的生母啊！

请叫儿的乳名，

叫我一声"澳门"！

母亲！我要回来，母亲！

原来，给澳门烙上殖民印记的"妈港"，其出处，就在这妈阁庙前假菩提树巨大的广场上。

那是 1553 年，葡人将船停泊于妈阁庙前，自言献皇帝的贡品遭海水打湿，请求上岸晒干，得允上岸后，即动问这是什么地方，岸上的福建人不懂葡语，以为是问庙名，便操福建话答是"妈阁"，此后葡人即以谐音"马港"称呼澳门……

"马港"，从此开始被澳门屈辱"包容"……

## 3

如果说妈阁庙见证了葡人殖民澳门，从澳门鸦片首次进入中国的历史，那么，澳门的莲峰庙，则是林则徐禁烟，威震夷酋之地！

说不清是否巧合，莲峰庙也冠一"莲"字。

进入莲峰庙前，天转微凉，还飘起了雨雾，远远地，我就望见了香火的鼎盛。

1839 年 9 月 3 日，钦差林则徐得密告，将有大量的鸦片要从澳门进入中国内地。当时的澳门，虽已被葡人所占，但清政府尚存某些主权，林公就是在这座莲峰庙里，以凛然气度，威震庙宇，对澳葡当局进行了严正的训谕：英人义律必须从这里驱逐；鸦片烟必须悉数查禁；葡人不得与鸦片贩子相互勾结；澳葡当局必须配合中国方面的行动。

复习着这段历史，我踏进庙门，迎面供奉的还是雍容华贵的妈祖，里殿供奉的是观音菩萨，左侧殿则供着关帝，配祀关平、周仓，右侧的仁寿殿内奉祀神农始祖，观音殿后的文昌殿则供奉仓颉和金花娘娘及痘母娘娘——妇婴的保护神。

❶妈阁庙和莲峰庙，供奉的竟然都不止一种"神"！

佛、神、人和平共处，儒、释、道可处一堂，各自的信徒却能相安无事，纵观中外，如此的随和与大度，

❶ "竟然"表示出乎意料，这里表示强调的意味，突出了妈阁庙和莲峰庙供奉的"神"不同的情况，突出了澳门多元化的文化特点。

105

如此的文化兼容并包，还哪个地方会有？

天，飘起了细雨，我不想马上走出庙门，而走近一池莲花，心想：每年夏日，这池莲花，必定盛开吧，香远溢清，而妈阁庙和莲峰庙如此的多元文化宽容并包，会给世人哪些启迪呢？

### 4

并非只是为了寻找答案，我现在的目光，仍继续投向莲。

那天在龙环葡韵观湖莲，我曾想起植物学家对莲的说法，有所悟，即与友人道：打上莲叶上的聚雨或露水，只能凝为圆润的玉珠，各蹲一席之地，平和相处。

① 莲有规则，亦有立场。

天气奇热，当时你还俯身伸手去抚摸莲叶，莲叶清凉、柔和，颇有水绿弹性，这弹性，就颇得中国古圣哲推崇的柔软。

我看普天下的莲全都力顶一片柔软，如天穹下微颤的绿盘，以接纳、开放的姿态，上接高远空茫。

这莲的柔软里，有容纳万物的"柔软心"。

② 莲叶田田，连绵得有多辽阔，静气就有多辽阔，团结就有多辽阔——谁见过莲们相互侵吞、倾扎，似藤类植物那般彼此绞杀？

那莲花柔软、柔韧，即使花苞期，也呈包容之姿态。

❶ 运用象征的手法，表面上在写莲花有自己的形状和坚定的位置，实际上在写澳门人民，乃至整个中华民族，虽然能够兼容多元素文化，但始终坚持着爱国和祖国统一立场绝不动摇的信念。

❷ 化用"莲叶何田田"的诗句来描绘画面，增强了文章的韵味，同时说明莲象征着团结一致，和平共处的精神。

莲，既自立又共荣，求深入齐发展，永远是那么润泽干净，自在淡定。莲也自珍自重，即便走到生命尽头，也不脱叶，枯了就朝水土缩闭低垂，感恩水土的养植。

莲更是现世唯一属花、果（藕）、种子（莲子）共于一体的植物，是孕育、希望和成功的共同体，与佛门"三身"同驻的理念，可谓天然相通。

莲中有佛，佛在莲上。

只要还有生命，莲就葆有出污的净绿，这是善心恒在的慈悲色，生命大度包容、自尊自爱、自适的"通行色"！

① 今天，澳门的莲，已委实成为"双莲"：既是地理和植物学意义上的"实莲"，亦是"虚莲"，乃精神的雕像，精神的象征，其精神文化基因，已广植"莲花地"！

这一切，都属必然，因莲本非俗物，佛典上说佛祖一降生就屹立莲叶上，觉悟成道后，更是步步莲花。

而澳门的"莲"，不是也上升到更高的高度了吗？

至少，就我接触的澳门人的精神庙宇而言，"莲"，已然成为其崇尚膜拜的"神"。

② 澳门几日，我天天接触的澳门文友，就有几位都崇"莲"拜"莲"，且让人感觉澳门人对事业执着平稳扎实推进的品格，心怀家国、有容乃大、不高调、不张扬的情怀，彰显热情助人、不重私财、善良慷慨的气度……

❶ 采用作诠释的方法，具体解说"双莲"的含义，使读者更容易理解文章内容，把握文章主旨。

❷ 描述人们崇"莲"拜"莲"，在事业上、家国情怀上、待人处事等方方面面所体现的"莲"的精神，具体说明莲已经成为澳门人崇尚膜拜的"神"这一情况。

# 5

由于鸦片战争的爆发，清政府的腐败孱弱，外患内忧，葡人便趁火打劫，武力扩张与文化渗透并施，以种种手段，对澳门居民强行收取地租、商税、人头税和不动产税，其间中葡虽未发生大规模的流血战争，但也爆发过包括华人沈志亮成功刺杀澳门总督亚马喇在内的一次次抵抗，最终，澳门还是一步步沦为殖民地，华人丧失澳门主人的地位。

①史实表明，葡人经过碰壁，已然明白，欲长期殖民澳门，还得讲究策略，需适当尊重中国文化，注重推崇中国人可以接受的元素。

这从耸立在新口岸人工岛的澳门观音像，可得到印证。

穿过宋玉公园，我就能看到这座总高度三十二米的观音像，造型简洁流畅，其设计师是葡人建筑师、雕塑家李洁莲。

②谁一看，都明白这尊观音像与中国内地庙宇供奉的观音容貌相去甚远：戴一袭全无装饰的头巾，背向大海，背对西方，双目微开俯视脚下的土地，那容貌，却是玛丽亚的，尽管脚踩莲花宝座。

我不知道澳门人觉得这座观音像美不美，你只明白，这座观音像，今天所体现的，实属"莲花地"对历史、对不同文明的包容。

类似情况，在澳门的地标式建筑大三巴上，也能看到。

❶ 这句话说明虽然葡萄牙人占领了澳门，但却不能从思想上奴役澳门人，最终反倒是向中华文化屈服，因此诞生了多元素的澳门文化，同时突出了澳门人民不屈不挠的精神品质。

❷ 采用作比较和摹状貌的说明方法，将澳门的观音像与中国内地的观音像作比较，突出了澳门观音像中外结合的特殊形象，以此证明殖民者在思想和文化上屈服中华文化的说法。

我走近大三巴那天，正是澳门入夏以来最热的一天，赤日似火，一点也不留情地舔炙着光裸的大三巴，它似乎并不怕炎热，依旧静立。它奠基于1602年。站在这教堂牌坊的正立面下，你仰头上望，既可见到文艺复兴时期流行的对称，也可见到较为随意的建筑组合，混带前巴洛克时期矫饰主义和耶稣会的特点，蕴含宗教意蕴的浮雕栩栩如生，历史的真实与神话的虚构交融，也算是东西方文化艺术融合的结晶。

① 突然，我眼随导游导引，竟看见在大三巴的第三层，赫赫然居然有两列浮雕式中国汉字："念死者无为罪，鬼是诱人为恶！"全然是中式庙宇楹联的形式。

这不就是葡人殖民澳门时期宗教建筑的代表吗？可谓极富象征意义。中西文化元素在上面，表面看真是既各自尊重，又各有表达，似乎显得很协调，这不完全属建筑艺术了！

显然，这真和殖民末期的澳门观音像如出一辙，可视作葡人被"莲""教化"之"作为"吧……

# 6

② 澳门回归祖国后，静气祥和，繁荣兴旺，个中原因方方面面，但我觉得，这至少与澳门人善于如莲般出污，消解曾经的屈辱有关。

爱莲、崇莲，乃至嗜莲，自在而包容，这在今天的澳门，难道仅是文化现象吗？即便在山间小食店，也有中葡式餐饮，新郎新娘刚从牧师主婚的教堂出来，

**❶** 采用镜头特写来描写大三巴的第三层两列浮雕式中国汉字楹联，再次印证中华的文化是不会被殖民者磨灭的，表达了"我"激动的心情。

**❷** "至少"是最起码的意思，也就是说澳门能够回归祖国，其根基在于澳门人如同莲一般的品质，没有被殖民者奴化，始终保持一颗赤诚的爱国之心和期盼祖国统一的心愿。

不久就中式锦袄亮身于中式酒店的喜宴，拜天地、拜父母、夫妻对拜。

那天黄昏，在路环岛，大家从名声远扬的安德鲁蛋挞饼店经过，香港女团友眼尖，最先发现饼店并购了一大盒请众人品尝。看着掌中的蛋挞，外酥里嫩，焦黄的蛋茸，窝在小盘子似的薄酥饼托内，真有些舍不得进口，还想：这小盘子似的酥皮，不也似莲叶吗？而蛋挞，整个儿不就也像成熟的莲蓬吗？

而今，在"莲花地"，莲，不但已是大自然的代表，而其的静美、祥和与兴盛，已表征着澳门人对物质和精神的双重呵护。

①澳门回归母亲怀抱的翌年，澳门龙环葡韵那一带，突遭全球最危险物种之一——"薇甘菊"的入侵……澳门人立即行动起来，毫不留情，将薇甘菊斩草除根，还很快将五片水域连成绿汪汪的大湖，湖中植入睡莲、畦畔莎草、风车草、三白草等水生植物，当然种植得最多的，还是其膜拜的植物——莲！

在科学被奉为人类社会真正大神的今天，澳门人仍能秉承万物有灵的民族根性，仍似敬畏神明般敬畏莲，真可谓"得天独厚"、臻入人生的大智慧境界也！

## 7

②如今，中国人只要踏上"莲花地"，就必能感受到澳门人与祖国那份"子与母"般的深情，必能感受到本是同根生、血浓于水的情怀，还能感知他们出离

**❶** 采用以小见大的手法，讲述澳门人除去"薇甘菊"，坚决维护龙环葡韵水域环境的事件，体现了澳门人团结一心驱逐"外来者"的决心。

**❷** 用"子与母"来类比澳门和祖国的关系，突出了澳门与祖国紧密相连、密不可分的关系，再次展现澳门人民对祖国的热爱、依恋和祖国对澳门的牵挂之情。

污浊、沧桑过去、还智慧于自适自在的静光。

这一切，与澳门面朝大海，与澳门人心中拥有中华文化的自豪感，与澳门人念根爱根的归属感，与澳门人推进"多元文化共生体"的襟怀，均有内在联系。

来到澳门，许多人都会去综艺馆前，看那尊中央政府赠予澳门、1999年12月20日澳门喜归祖国时揭幕的大型雕塑——"盛世莲花"！

① 这尊盛世莲花亦称金莲花，高6米，最大直径36米，青铜铸造，贴金，红色花岗岩叠合的基座形如莲叶，意寓澳门三岛。

——谁能说金莲花，不是莲花大世界的最高代表呢？不是在象征、祝福"莲花地"的祥和与繁荣呢？

看着金莲花，我陷入了沉思：并不是任何一个地域、任何一个城市，都能产生出精神膜拜物的，因为精神膜拜物客观上表征着一个地域、一个城市的精神美质和高度。

澳门人天授神予尊莲崇莲，膜拜精神辉光四射的"莲"，不但客观上认同，而且将"莲"推上了膜拜的精神高度，如此和美的抉择，与澳门的地理人文秉性，真契合得天衣无缝。这是最高的，更是唯一的、幸运的、幸福的抉择。何况莲还有异常给力的阔大圆润善于光合作用的叶，还有深深下扎的根，良性的能量生成供给系统，在"自然与人"生态大系统里，总能相适相融和美一体。

而在我看来，人与自然（莲）的关系，和美才是至高至为理想的。说人与自然的最佳关系是"天人合

① 对"盛世莲花"的材质、颜色、大小、形状、寓意进行介绍，突出了"盛世莲花"在澳门人心中非凡的地位和意义。

111

一"，不如说"天人和美"更能精准表征自然与人的最美好关系。

① 莲＝荷＝和

**❶** 公式化的句子，直观地展现了"莲"与"和平"的关系，突出了人与自然和谐共处，澳门与祖国祥和团结，甚至全世界和平共处的主题。

久久地仰望着金莲花，你油然幻生出阔大而奇妙的想象：在这片神奇的"莲花地"，正有无数物质和精神谐和的莲花，去污、包容、奋进和祥和的莲花，一朵接一朵，宛如连绵涌动的五色祥云，正簇拥着烘托着这朵世界上最大的、最结实的莲花……

**❷** "典范"一词充分说明，作者希望全世界人民能够兼容并包，和平共处的心愿，起到了升华主旨，引人深思的效果。

② 今天，回看我们的地球村，依然算一个乱世，各种文化冲突、各种利益争斗，风波常生，波诡云谲，可在实行"一国两制"的粤港澳大湾区南端的澳门，却繁华而宽松，澳门，正日益成为这个星球上最祥和、最独特、其乐融融的"多元文化共生体"的典范！

澳门"莲花地"，正迎来世界越来越多的目光。

## 延伸思考

1.品读文章第一部分，分条概括澳门成为"莲花地"的原因。

_____

_____

2.细读文章，在作者看来，"莲"具有哪些象征意义，请分条概括。

_____

_____

**3.赏析下列句子画横线的词，品味其表达效果。**

（1）"马港"，从此开始被澳门屈辱"包容"……

_____

_____

（2）莲更是现世唯一属花、果（藕）、种子（莲子）共于一体的植物。

_____

_____

# 红辣椒

红辣椒是一种十分常见的蔬菜，因其独特的辣味能刺激人类的味觉，给人带来味蕾的享受，而被人们喜爱。作者以"红辣椒"为写作对象，用准确、严谨、科学的文字介绍了辣椒的门类、生长习性、种植要求、营养价值、医疗保健功效以及能够帮助人们增进食欲、驱寒冷、除湿气等方方面面的知识，让读者对辣椒有了全面而深刻的认识。此外，为了体现作者对辣椒的喜爱之情，文章不乏幽默、生动的言语，让读者透过纸背，仿佛看到了红红的辣椒，尝到了辣辣的味道……

红辣椒体现着一种精神力量。

——题记

原产于中南美洲热带地区的辣椒，是"进口"的美味，经由印第安人驯化，由哥伦布带回欧洲，明代，辣椒才传入中国。清代陈淏子所著的《花镜》，对辣椒已有细致记载。

①辣椒是一年生草本植物，茎直立，分枝多，广卵形的单叶，互生，叶柄较长，辣椒花，或黄或绿，花萼杯状，花色厚白，煞是可爱。

辣椒多呈圆锥形或长圆形。未成熟的辣椒，色绿，成熟后显黄色、紫色、酱色或鲜红，我觉得，最可爱的还是居多的红色者。

梭罗在《散步》里说："气候对人会产生影响，有如山间的空气会喂养灵魂，启发灵性。"自然环境，滋养和影响着辣椒的生长。

辣椒最喜欢阳光充足的气候环境，但凡阳光足，气温高的地方，辣椒都成熟得较早，也喜欢中性或微酸性土。如果土层深厚肥沃，排水良好，挟带些沙子，如此的土壤，辣椒就会长得很好，在这样的土壤里，根部呼吸顺畅。

以前祖母种辣椒，总不太喜欢浇水，说是辣椒的叶子转黑绿时，才需浇透水一次。我猜辣椒该是怕涝，今天我百度网查，果然。

②并不耐尘世之寒的辣椒，却颇耐人间之热，最适宜生长的温度在 30℃~35℃间。

有人说："不吃辣椒者不革命！"诗人艾青也说："要是我们不知甜、酸、苦、辣，活着还有什么滋味？"（《神秘果》）的确，辣椒让人活着多了滋味，我想，这是谷麦及其他蔬果以外，植物世界给予人间最现实、最热辣、最刺激的关怀。

喜吃辣椒的人大都知道辣椒富含维生素 C 和胡萝

❶ 采用作诠释的说明方法，对辣椒的门类、形态、生长习性等基本习性进行解说，便于读者清楚辣椒的相关信息，为下文具体阐述做了铺垫。

❷ 采用列数字的说明方法，用具体的温度数据准确地说明了适宜辣椒生长的温度，体现了文章语言的准确性和严密性。

❶ 以加州大学冉门教授的话来证明辣椒能促进呼吸道畅通，对咳嗽、感冒也有辅助疗效，使文章更具有说服力。

❷ 列举"喜食辣椒的省区，胃溃疡的发病率远低于其他省区"这一事实来说明辣椒的确能够促进消化液分泌和胃黏膜的再生，防治胃溃疡，杀抑胃腹内的寄生虫，体现了文章语言的严谨性和形象性。

❸ 以自己的亲身经历来说明辣椒能让菜变得更美味，体现了"我"对辣椒的喜爱之情。

卜素，可增加人的食量，增强体力，改善怕冷、冻伤、血管性头痛等症状，能促进呼吸道畅通，对咳嗽、感冒也有辅助疗效。① 加州大学的冉门教授曾指出，人食用辣椒，与服用感冒药相比，受的刺激要大得多，大脑接收到舌头传来的辣的讯息，会转而刺激呼吸道分泌物汹涌，让人泪水直流。

辣椒还能加速新陈代谢，促进荷尔蒙分泌，保健皮肤，可控制心脏病及冠状动脉硬化，降低胆固醇，加强肠胃蠕动，促进消化液分泌和胃黏膜的再生，防治胃溃疡，杀抑胃腹内的寄生虫。② 喜食辣椒的省区，胃溃疡的发病率远低于其他省区。

想想，正是"拿来主义"的辣椒，让川湘菜系有了上品位的核心力量，展现出红日般火红的亮丽，也引发了许多国人口味的重大变革。我吃辣椒并未成瘾，但时常也会吃吃辣椒。③ 前些年假期，我常生活在蜀地泸州，最喜欢吃的泸州菜，就是红辣椒油渍白切兔，那辣，那香和嫩，至今齿颊留香，难以言表。

辣椒，吃在嘴里，火辣辣的，香喷喷的，尤其是红辣椒，使单调的伙食出色，在寒冷中升腾起一把火，让贫寒的生活生暖。在云、贵、川、湘，尤其是长年居住在水冷山深、气候潮湿地区的人们，以辣椒驱寒祛湿、刺激食欲、振奋精神，真是物竞天择、顺理成章的事情。

辣椒，在中国成为许多人饭桌上常驻的风景，成了中国著名的调味品，也可说给予了许多国人以生活滋味的寄托，让许多人在这个尘世，既有思维惯性，也铸就了所喜欢的饮食惯性……

延伸思考

1. 品读第五自然段，分条概括辣椒生长需要的环境和土壤要求。

_____

_____

2. 为什么人们喜欢红辣椒？结合文章相关语句回答。

_____

_____

3. 作者引用加州大学的冉门教授的话和讲喜食辣椒的省区，胃溃疡的发病率远低于其他省区的情况，分别为了说明了什么？

_____

_____

# 散文般的眉山水

名师导读▶

　　"散文般的眉山水"这一标题起到了设置悬念，引发读者思考的作用。作者围绕此标题，首先描绘了灵动、优美、富有神韵的眉山水，而这些特点恰好与散文相似；接着指出苏东坡的文学成就离不开故乡眉山水的滋养和灵感启迪，展现了作者对眉山水的喜爱和赞美；然后，作者围绕着"水"与散文创作的关系进行了深层思考；最后，寻找到一条将科技融入自然与审美，创作出更加求真、深刻、具有现实意义的散文创作新道路，而这恰好是作者散文写作的最大特色。

　　好散文皆深得水生态之美。

　　　　　　　　　　　　　　　　——题记

## 1

　　眉山，确如唐《通义志》所记，江山平缓如眉，

118

流水清澈见底，宛若"玻璃江"的岷江穿越眉山而过，青衣江滋润的冲积坝两岸，显然水土美丽，稻果飘香……① 你是第一次来东坡故里眉山。越走近眉山的水土，你就越感到江南般袭人的水意。

你一进入眉山，就期待东坡自喻像汩汩流泉，② 行于所当行，止于所当止，随物赋形，境界高妙的"散文水"，能够更多地哺育你的文思。你想此行，要有大收获。

到达眉山的当晚，你走进美丽的东坡城市湿地公园，东坡故里人，将在这里，举行音乐喷泉水舞晚会。

音乐喷泉起舞前，你才得知，③ 这东坡湿地公园964亩，借"东坡水月""月光如水，洒落眉山"的意旨，将"东坡""水月"交融，绿水光映，彰显东坡文化。

你为眉山人的睿智赞赏，就听得"唰唰"的水声已起，音乐水舞喷泉雄起来了！那优美，那扭动，那甩溅，灯光美幻，彩水歌唱，光色是变幻迷离，刚显橙红，霎时便转入浅绿，刚还是翡翠的珠帘，须臾即成黄紫朱红宝蓝之花。你满眼是水色的欢爱，汩汩不竭，朦胧变异，神奇莫名……赶紧瞧，那圆形化作椭圆了，顷刻就幻成飞瀑，时高时矮，欲冲蝉宫，至几十米高后突然就矮了下来，改而轻拂，高不盈尺……鱼在欢跃，珊瑚花开，更有兰花？莲花？断线的珠玉？跌落玉盘（湖）……

④ 突然，一排排红光斜刺刺涨出，颤动如旗帜，旋即又成色彩流变的瀑布，"哗哗"笑着，朝对岸倾去……

你定睛朝对岸一望，对面是霓虹闪烁的东坡湖广

① 开篇点明眉山是苏东坡的故里，为下文将苏东坡的散文与眉山水联系起来作铺垫。

② 这是苏轼评价自己的文思时说过的话，意思是思路可以运行的时候就写作，堵塞的时候就停止，可见，苏轼文思与眉山风景给人的感受具有极大的相似性。此外，这也是对偶句，句式整齐而匀称，增添了音韵美和文学色彩。

③ 运用列数字的说明方法，以"964亩"这一具体的数据来说明东坡湿地公园的面积大，进而突出眉山人对东坡文化的重视。

④ 从视觉和听觉角度来写东坡湿地公园音乐水舞喷泉壮美、绚丽、热闹的景象，具有很强的画面感。

场，翼然的是一座座中国楼阁……

这情景，让你有些恍惚……俄顷，你遂想：这水，这音乐喷泉，美是美矣，却非东坡当年面对之水，断非壬戌之秋、七月既望，苏子与客泛舟赤壁，空明流光里，清风徐来，水波不兴，白露横江、水光接天之时之水——纵然音乐喷泉，也可风起水涌，也可划然长啸,亦可教草木震动(古今水分子结构本色依旧)——你眼前这眉山水，这幻化作音乐水舞喷泉之水，其实，已是在散文穹庐下，被科技介入了的眉山水！

①眼前的情景，使你思考这样的问题：在这科学时代，散文该如何创新，才能更好地适应时代生活？

科技的求真、启智及审美视角，科学的精神和科学视线，如能引入散文创作，是否可以更深刻、更强烈地反映生活？②比如你写冬虫夏草，假如引入冬虫夏草的生物学知识，并将其情感化、审美化，那么，对冬虫夏草的抒写，是否可以进入更深更真的层面呢？

## 2

翌日，烈日熏蒸，眉山的朋友当导游，你和写作界的几位前辈、友人，沿岷江北上，穿越芦苇藤萝、鲜花草地，逶迤入滨江湿地公园，指点江山，烈日当头，当大家转而爬上江堤，大汗淋漓的你，双眼霎时清爽爽一亮，袭入你眼帘的，竟是一大片水域，③冷凉凉难望见边的大水域，正明镜似的，静静地汪着。

"啊，好大的一个水域！叫什么名字？"你不禁喜

① 提出疑问"在这科学时代，散文该如何创新，才能更好地适应时代生活"引人思考，同时引出下文的科技与自然相融合的内容。

② 以冬虫夏草为例子，生动形象地说明了科技、审美相结合之后能够更深刻、更强烈地反映生活的理论。

③ 把大水域比作明镜，突出了水域的清澈明亮，湖面的安静，营造了宁静优美的气氛。

形于色，急切地问。

"叫五湖四海！"眉山朋友答。

眉山朋友娓娓而道："五湖"由长寿湖、忠孝湖、太极湖、存银湖和丹景湖构成，湖蕴深深的历史、文化；"四海"乃花海、草海、镜海和长海合称，这是依湖泊、地形和地貌之特点命名。

问："五湖四海"有多大？

答：水域方圆1300亩，蓄水300万立方，现分9片湖区，静水环绕的陆地（岛）200亩，人工岛39个，绿如地毯的草地1.1万平方米，112种苗木花卉四季摇曳……这是集生态走廊、文化长廊、山水画廊于一体的寿乡水岸、湖滨公园。

上善若水。听过这湖的"简历"，素来乐水的你，不禁更专注地端详起眼前的水域来。

——这是怎样的大水啊，碧清清而湛蓝，波幽幽而静美，平坦坦似明镜，绿沁沁如翡翠——①这不就是瑶池吗？

❶ 把大水域比作瑶池，突出了这里水域的美，可见作者对"五湖四海"的极力推崇。

细看，这"瑶池"里闲适的树，岸上岸下静静地对称。大珠小珠散落相思呼应对望的是岛，曲折长廊让你觉得这是小岛在手拉着手，庶几是湖与湖的联姻，水与水的和融。静润、优雅、秀美、婉约、灵气的水，不乏岷江大浪淘尽的含蓄、浩渺，你不禁想象，每逢黄昏落照，彩霞与孤鹜齐飞在天，树影与游鱼相吻于水，那又是怎样的一番景象？

你突然省悟，这不就是地形地貌相与而变幻，而赋形，美轮美奂，而赋得的美好"大水"吗？这不就是当代的"唤鱼池"吗？

"唤鱼池"是你到眉山后方听得的一段美缘。① 据传，当年苏轼在中岩书院师从饱学之士王方。王方一日率众学子春游至中岩寺，住持甚是高兴，随即就请众学子为寺里的碧池命名，王方听了窃喜，除了想借此考考学子，也有意为爱女王弗相相佳偶。学子们当然不明就里，轻松雀跃，取名"藏鱼池""引鱼池"者居多，王方看了，均不合意，而当苏东坡挥毫写下"唤鱼池"时，待字闺中王弗的命名，也恰由丫鬟刚送至，展开素笺，一看也是"唤鱼池"！真乃天缘地合，王方大喜，俩年轻人从此相知相恋，假"唤鱼"悠然"天合"。

从这个传说回到眼前，你想：这"五湖四海"，不一样也可认为是在"唤"人与自然关系美的"鱼"吗？

你知道"五湖四海"的前身，可谓杂乱无章，水域并不相连，只有一个个粗野的池塘水凼，采沙坑洞，坎坷石滩，满目荒芜凄凉，然而，眉山人巧借科学规划，依托自然，才成就今天这一汪美景，在夏日，也展示一片洁静清凉世界。

这不就是你一直寻找的既利用自然又不伤害自然，反却美化自然的典范吗？——纵然是"人文自然"，留有人工痕迹，然其形成过程，却水往低处流一般，是那么自然得善美，和乐融融——这可是依恋自然却不伤累自然，反而整合了自然，教自然美更集中、更升华、更进入天心美合一的大境界啊……

不是都说"天人合一"吗？这时，你觉得有必要

❶ 采用插叙的手法，加入"唤鱼池"的美丽传说，既让读者知道了池塘名字的来历，又丰富了文章内容，增添了趣味性。

杜撰一个自认更准确、更合适的词——"天人和美"！

是的，就是"天人和美"！<sup>①</sup>眼前的五湖四海，不是不但融合了东坡在内的眉山人与生俱来的亲水性、融水情，也体现了对科技的融合吗？不亦是眉山人写在山水间的"天人和美"的大散文吗？

**① 连续两个反问句，强化了肯定语气，说明"五湖四海"是眉山人写在山水间的"天人美"的大散文，而这就是科技与自然、文化相融合的杰作。**

## 3

眉山三日，你看岷江，上彭山，徘徊山水间，东坡<sup>②</sup>"惟江上之清风，与山间之明月，耳得之而为声，目遇之而成色，取之无禁，用之不竭。是造物者之无尽藏也……"这一类灵动水意的金句，时常促你思考：东坡诗文，何以总是水韵充盈？这与眉山的山水，又存在怎样的联系？

**② 引用苏轼的文字，增添了文学性，突出了眉山水的灵动、充盈，营造了优美宁静的氛围。**

带着这些问题，你谒三苏祠。三苏祠位于眉山城区纱縠行南街。进三苏祠前，<sup>③</sup>你搜索得知，这祠是明代洪武元年间，由三苏故宅改成，现占地104亩。入祠，果见红墙环抱，绿水萦绕，荷池相通，堂馆亭榭隐约在扶疏古木中，"三分水，二分竹"，典雅古朴，乃古典园林风格，令人亲切。你与众人游了一轮三苏祠后，你又一个人再次走近苏宅古井，在井畔盘桓良久。

**③ 强调"搜索得知"再结合具体的数字，准确形象地说明了三苏祠历史悠久、占地面积大的特点，突出了东坡文化在眉山的深厚底蕴。**

井畔有个提示牌，说古井是2015年发现的。当时，工作人员清理苏家兄弟常常读书的来凤轩，揭起泥土下一米见方的木板，才让古井重见天日。<sup>④</sup>你俯身细观这井，约50厘米的口径，井筒上部圆筒状，底部呈口袋一般的椭圆状，井台和井栏皆朱砂色，青砖石块

**④ 采用列数字和摹状貌的说明方法，让读者对古井的井口大小、形状、颜色、深度等有了详细的了解，体现了文章语言的准确性。**

筑就的井壁。井深 7 米，水深 4 米。

**❶** 插入传说故事，增添了文章的趣味性和传奇色彩，激发了读者强烈的阅读兴趣。

　　①民间传闻这井颇为神奇，说是苏洵苦读，而立已过尚无子嗣，诚心求子，遂请眉山麻颐观的张道人至苏宅。张道人板直腰杆踱入苏宅，转了一圈，相定一处，遂以杖画出一个圈，苏家即在圈处掘出这口井。麻颐观碑记：苏家井成后，张道人朝观内的老人泉撒了一把谷壳，竟有朵朵谷壳从苏宅井中泛出，一时誉为龙泉，恰是翌年，苏轼降生，是年，一丛黄荆树竟又破井沿砖缝而出。你是学过植物学的，知道黄荆本属灌木，竟可以出落得乔木般高大，让你颇感奇异。

　　许是都想汲纳三苏大文豪的灵气吧，你也掬了一口井水饮，且洗了洗手，呀！你当然明白这并非苏宅当年的井水，而是富含了今天的现代性之水，而且，你认为这井水必与岷江、青衣江相通。你想：必定是眉山水脉，滋润、濡染了东坡的灵性，融入了东坡的潜意识、显意识，方使东坡走出眉山后，无论走到何方，感时应物，皆能笔到"水"生，水韵灵动，汩汩而流，"随物赋形"，昂然然、超然然走入中国文学，文濡乾坤……

**❷** 科学原理和联想手法相结合，表面上看是写眉山水会在跟随雨水落到西湖去，实际上是说苏轼带着文思到了西湖，在西湖写下的散文名篇同样受到了眉山水的滋养和影响。

　　②你甚至想，根据现代气象学原理，眉山之水蒸发升空，上天成云，云兮在天，飘然四海，一旦孕雨落地，不也一样可以滴滴答答落入杭州，打湿西湖吗？成年男子之体约 70% 皆水，东坡身上的眉山水，谁能说就不会随他的散文同行于所可行，止于所当止，一样进入杭州吗……

　　杭州西湖，那浩渺的湖光水色，你多次游过，你突悟：原来那万水千山外的西湖，不就是眉山水的下游吗？这苏堤——不就是与这井水一脉相承、被苏轼写入西湖的长卷散文吗？

你很希望自己的散文，能够多含艺术的"水"，含冲击墙的"水"，<sup>①</sup>水，是散文的韵，也是散文的血脉！一个时代有一个时代的文学，你的散文写作，何以不可以多借鉴些当代的电影，引入更多的求真审美科学元素，多些科学之活水的云蒸霞蔚呢？……

**❶** 将"水"比作散文的韵和血脉，突出了"水"对于作家进行散文创作的重要性。

## 延伸思考

1. 阅读文章，分条概括眉山水与散文之间的联系。

_____

_____

2. 赏析句子，联系文章内容，解释画线词语的含义。"不是都说'天人合一'吗？这时，你觉得有必要杜撰一个自认更准确、更合适的词——'天人和美'！

_____

_____

3. "一个时代有一个时代的文学，你的散文写作，何以不可以多借鉴些当代的电影，引入更多的求真审美科学元素，多些科学之活水的云蒸霞蔚呢？……"结合文章内容，谈谈你对这句话的理解。

_____

_____

# 踏青记

　　清明节是二十四个节气的第五个节气，人们一提到清明节，往往会充满感伤的情怀去缅怀先人，但作者却抓住清明踏青这一习俗展开，一改感伤的基调，写初春生机勃勃的景致，表现自己愉悦的心情和对初春的喜爱之情。除此之外，作者用科学知识来解答"清明时节雨纷纷"的气候原因，使文章更真实、更深刻。文章的最后，作者由踏青感悟人生哲理，抒发了人要保持积极向上的心情和保护好生态环境，才能真正达到天人合一的境界，深化了文章主旨。

　　　　　　踏青是让身心进入春的深处。

　　　　　　　　　　　　　　　　——题记

　　先秦已风行踏青。依我看，二十四节气中文化内涵最丰厚者要数清明，而踏青则是和清明重叠的民间节日，是中华民族顺天应时、对自然节律的群体性响应。

每年清明前后，我都要去踏青。看吧，作别冬季不久的天地，自然神已经醒来，①陌上花开，彩蝶娇翩，柳絮如烟，轻雾如岚，春风吹又生的草正柔软，河溪有些黏稠地在轻唱。阳光完成了乳白色至谷色的过渡，已呈你可以正眼看一阵子的啤酒花色。

原野上面的空气，暖洋洋地，习习地吹着，教你有些慵懒。

大自然挤满了向上的新生命，成了萌生希望的童话圣殿，在朝你招手，朝你发出寓言式谕示：②人啊，只有踏上大地，生命才算进入春天……

踏青难免被杂花迷眼。③我最喜欢的花并不是喟叹得一望无际的油菜花桐花荠菜花，亦非桃花，尽管那年我曾白天黑夜两三回去看杭州西湖那一嘟噜一嘟噜的重瓣桃花，某年踏青，我专门上了白云山的桃花涧——广州的桃花尽管是单瓣，但我还是感到夭夭灼灼，我最想邂逅的是梨花。只有那一树树梨花白，那柔软厚润的白，浮泛月光的白，才是配得上李白静夜思的白……

细数半生，于我最有意义的踏青算来是四地：一是游西湖看桃花，二是那年我考入南京气象学院后与同学春游钟山陵玄武湖，三无疑就是我在《不可医治的乡愁》里述及的在故乡池溪里之踏青，四则是我现在要说的在20世纪60年代中期，我在童年时的踏青。

那时我足迹所印的粤东梅州五华燕河村小乡野，自然知道我当时还不可能有多少人生感悟，童年的我，扑入田野，就是觉得好玩。那是清明，乍暖还寒，豌

① 连续使用四个小短句，使句子一气呵成，具有节奏感和音韵美，突出了初春的美好精致和"我"踏青时的愉悦心情。

② 发表感悟，这句话的意思是人只有踏上大地，去感受万物复苏所散发的勃勃生机，才能让自己身心愉悦，感觉自己也随之苏醒，进入了春天。

③ 运用衬托的手法，用油菜花桐花荠菜花等杂花的迷眼和桃花的妖艳来衬托梨花的素雅和"我"对梨花的喜爱。

豆花粉蓝,稻畈方嫩绿。我打着赤脚,踏着新软的田野,还顺便钓钓鳝鱼,稻田水底那细腻柔和的春泥里,正静着一个个龙眼核大小的洞,洞里有饿鳝。有时我也会采一把嫩青的艾草回家。艾草与糯米粉、红糖、馅料做成的艾粄,是踏青时节我们客家人的传统美吃。

当时踏青,我尚未读过"清明时节雨纷纷"的诗句,而雨纷纷的天气是经常有——① 何以南方踏青总是雨纷纷呢?

读了气象学后,我才明白,清明时节,北半球的日照已增强,西南风挟海洋上的暖湿空气已昂扬北伐,此时北方冷空气的旧部却在南下,冷暖气流,冤家路窄,互不相让,就相持角力起来,你知道暖湿气流中的水汽是较轻的,于是便升腾,便成云雨,便使蒙蒙的雨区,徘徊摆动于南方,滴滴答答落出清明。

踏青节在民间又叫感恩节、拜山节,是祭祖、扫墓的日子,所以成年后踏青,受万物生的感召,人的感官很自然也就随之会放开,多漫生良多生命感悟,慎终追远,感恩先人,敬畏天地,对新生命表达出惊喜、迎接和尊重的情怀……

由此而观,踏青,不期然就已被升华成了一种精神仪式,平添了庄严的自然与人需要和谐的人类学意义,② 庶几成为走向天人合一的民间行为艺术了……

据传明代大哲学家王阳明擅长踏青出灵思,某次踏青,惠风和畅,他一时情动,即对友人说:"你未看此花时,此花与汝心同归于寂;你来看此花时,则此花颜色一时明白起来,便知此花不在你的心外。"都说

**❶** 提出疑问,引发读者思考,再自然引出下面关于清明时节下雨的气象学知识,能够加深读者的印象。

**❷** "庶几"是或许、也许可以的意思,这里表示推测,且富有古文韵味,增添了语言的文学性,给人以浓厚的文化气息。

王阳明搞的是著名的心学，很唯心，然我却想：他研究什么是一回事，踏青之时，假如总遇浓重雾霾，教其思想郁结，能否花香袭衣地推进课题研究，却是另一回事。① 我的意思是说，在这人间，踏青要真正进向天人合一的境界，真还是有大前提的，至少得有发展的春天，还得风清气正……

❶ 采用卒章显志的手法，在文末用富含哲理的话语来表达主旨，这两句话的意思是要有优美的自然环境和积极向上的心态，才能达到"天人合一"的思想境界，即呼吁大家保护生态，做一个积极向上的人。

## 延伸思考

1. 分条概括形成"清明时节雨纷纷"气候情况的过程。

2. 清明节除了踏青，还有哪些习俗？列举三个你知道的清明节习俗。

3. "你未看此花时，此花与汝心同归于寂；你来看此花时，则此花颜色一时明白起来，便知此花不在你的心外。"作者为什么引用王阳明这段话？联系上下文谈谈你的理解。

# 第四辑 微生灵笔记

真是造化神功啊，万千物种，肉食者、草食者各占"山头"，恪行其道，猫头鹰夜行、狮虎昼出、鹰击长空、鱼翔浅底……自然界竟是物种们各有"楚河汉界"！

# 作家带你练

【预测演练】

阅读文章，回答问题。（18分）

# 虹　影

①山野间童年的我，却常常被美丽而神幻的虹所迷惑。我时常戴一顶大斗笠，仰着童稚的脸，长久地看、认真地读那静卧在山野上空被村人喊作天弓的虹。故乡的虹，大都悬生在午后的天空，彩虹起兮云飞扬，天地间总是微雨细细，雨光氤氲，若有似无，我一低头，汪汪积水中，竟也见有虹影流转。童年的我，以为虹都是从土地里拱起而飘然升空的。大人说地上的蜈蚣，背不总是那么驼吗？在我童年的天空里，虹，仿佛和地上某种东西总有莫名的感应，神性充盈。我甚至想，那虹，是地里蜈蚣升天的吗？

②及至青年，丰满的物事无止无息，人，总顾不上停歇脚步，仰头读虹。重负的中年即便偶能读读虹，所读出的，恐也多是岁月的况味。老年时至，夕阳在天。人生舟楫，早早告别了土腴木秀的春夏，急急就滑入了水瘦山寒的秋冬，人与虹，早疏离焉。

③虹的色彩,使人漫生想象啊。诗人北岛就有一首诗叫《姑娘》,短得只有两句:"颤动的虹／采集飞鸟的花翎"。姑娘与虹,大抵是皆有照人光彩,诗人才能当上月下老人,将她们红线联姻吧。

④虹,也算得上是阳光和雨滴曲折而奇幻的"合作"。与雨滴"合作"的、射在雨幕上的阳光,是齐刷平行的、集团无边的箭簇。每一根阳光之箭,进入雨滴的位置和角度都不同,因而,每一根阳光之箭的折射以及反射角度相应也不同。你能否看见虹,取决于经雨滴反射过来的光波,能量是否集中,光色是否够强,最根本的,还在于能否如前所述,正好射入你的眼帘。

⑤陆龟蒙在《和袭美咏皋桥》中咏虹:"横截春流架虹桥。"毛泽东诗曰:"青山着意化为桥。"这些诗句,当然皆是先观虹桥而后作。虹何以常被喻作桥呢?抑或说,虹何以总是弧形的呢?这是因为,唯有此一弧段之上雨滴反射过来的各色色光,能量才最集中,光色才最强,更重要的是只有这些斑斓色光,才能被人看到。

⑥作为生命的虹,命运之路总是曲曲折折的。有了光,有了雨幕,有了光在雨幕中的折射,方生虹。虹的光明前途,只能是短暂的。虹的生命多斑斓在夏日雨水的天空。这是因为夏季才多有雷雨或阵雨天气,这类雨范围不大,容易出现"东边日出西边雨,道是无晴却有晴"的景象,利于虹生。大雾中,水汽空蒙氤氲,阳光遥遥地、斜斜地射来,霎时彩虹如练,也自在情理之中。空气干燥的冬季,雨少,阵雨更少,是不太可能出现"赤橙黄绿青蓝紫,谁持彩练当空舞"的。雪花纷飞时节,谁能见到虹?

⑦阳光,不是普罗米修斯盗来的天火吗?雨滴不是从天上来吗?看看虹吧,你还能说"水火不相容"吗?虹,不仅是天上水火相容的交响,更是水火相容的预言。

⑧"东虹日头,西虹雨。"这句谚语,简直就是气象预言。

⑨我们中国，大部分地区都处于地球的中纬度。我们天天都可看到电视天气预报。那气象小姐所指点的江山，那中纬度地区所出现的系统性的降水天气，多数都自西而东移动。虹的方位又正好与太阳相对，所以，西虹在天，则表明茫茫雨区，正滂滂沱沱、飘飘荡荡朝我们所在地移来，不久天将雨。倘若虹影在东，则说明雨区早已告别了我们东去，我们的天地，可谓风景晴好，艳阳高照，天明地静。

——选自《散文·海外版》2003年第6期

1. 联系文章的第一、二段，请分别概括说明作者在不同的人生阶段对虹的态度。（4分）

童年_____

青年_____

中年_____

老年_____

2. 文中句子"作为生命的虹，命运之路总是曲曲折折的"的含义是什么？（4分）

_____

3. "（虹）是天上水火相容的交响"这句话用了什么修辞手法？其作用是什么？（5分）

_____

_____

4. 文中引用北岛、陆龟蒙和毛泽东的诗句的作用是什么？请联系全文加以分析。（5分）

_____

_____

# 病盆景

**名师导读▷**

本文以"病盆景"为标题，开篇指出盆景是病态的，但人类对其欲罢不能的现象，起到了设疑的效果，接着作者揭开在盆景美丽外观之下隐藏的人类扭曲的心灵和畸形的审美：人类为了满足自己的审美需求，对植物进行移植、修剪、割皮、捆绑等一系列操作，这些行为看似聪明，实则残忍至极，破坏植物的天性，使植物病态生长，表达了作者对盆中植物的悲悯和对人类残忍行为的批判之情。

自然是人类心智的比喻。

——［美］爱默生《自然沉思录》

# 1

我知道你害怕直面盆景，尽管你有深深的盆景情结。你在盆景问题上至今还病着，陷入欲罢不能的 ① 悖谬，在今天，你仍得走近盆景。

眼前这名曰"滴水不露"的黄杨树桩盆景正在接近你：② 那些云片，圆似盖，一朵朵呈俯视态，叶绿而疏密有致，枝丫却扭曲蛇盘。另一柏树桩"步步青云"，长长桩干自盆沿悬垂弯曲而下，似庐山几近干涸的瘦瀑布，枝叶溜溜成团，越往下叶团儿越小。

如此的盆景有野趣可言吗？你很矛盾。这些盆景果真是苍劲雄浑、洒脱飘逸、潇洒扶疏、野趣豪放、野味天然和咫尺千里吗？果真是"无声的诗，立体的画"吗？

如此的盆景难道不是美学的难题和病社会的缩影吗？

晚清文学家龚自珍在《病梅馆记》里说：③ "梅以曲为美，直则无姿；以欹为美，正则无景；以疏为美，密则无态。"——你认为盆景即便美，也是畸形美，是病盆景，犹同黛玉的病态美。所有自然物本来都是平等的，都有存在的理由，都不愿意畸形，都希望具天然美，何况"自然中的丑本是不可能的"（哈格若夫）。

病盆景无疑成了被强制生长之物。所谓"巧夺天工"的形状，什么直干式、蟠曲式、横枝式、悬崖式、垂枝式、丛林式和连根式，即便再好听的名字，都有违天然，这与人病是颇相似的；④ 人病由肌体内部不

① "悖谬"是不合道理，这里写盆景本身是病态的，但人们却对其欲罢不能，这样的情况是不合理的，起到了设疑的效果。

② 采用摹状貌的方式，用细腻的文字描绘盆景的特点，为下文批判人类制作盆景来满足自己病态审美的行为作铺垫。

③ 引用龚自珍《病梅馆记》中的话来说明盆景美是一种畸形、扭曲的审美观。

④ 用人类生病来类比盆景的病态，突出了人类制作盆景给植物带来的伤害，批判了人类的残忍行为。

平衡所致。而人染病之因不外两种：一类是外部的东西直接侵入了肌体，如风寒、暑湿、燥火等直接作用于肌体，而造成肌体失衡；另一类则是肌体摄入的能量不均衡，比如偏食导致肌体失衡。

被强制生长的盆景，竟可怜得连养病的条件和权利都几乎被剥除——疏离了土地山林，周遭尽是人为的病环境，即便还算环境的话。

这些微型筒盆，或圆或方，口径都仅有几厘米，比烟灰缸、鸟食罐大不了多少，狭窄逼仄，谁也伸展不开腿脚，残存的生命在如此的屈辱中更何以求生？置斗室之中又怎能沐浴自由的雨、自由的风，甚至连小虫鸣唱都无法听到，何能与自然和谐相处呢？

这是被彻底异化了的环境了。

人类社会一病，

孕育出的就多是病态的东西……

**❶** 运用反语的修辞手法，讽刺了人类以破坏植物自然生长，造就自认为美的造型的扭曲心理，表达了作者对此的愤怒心理。

然而，① 如此的病盆景却还是伟大的人类制造的"风光"作品呢。

如此的病盆景——亦真、亦伪、亦病、亦幻的存在，却仍表现出顶天立地的轩昂气概，百折不挠的顽强毅力，超脱潇洒的清高气节，老而弥坚的坚强意志，乃至仍能给人以自然态的美的联想吗？还能形神兼备、神韵天成吗？

更令你无法说清的，是如此的盆景在民间看来却又是整体协调的、和谐统一的。——不是树的高矮肥瘦与盆钵深浅长短的协调，就是疏疏密密、俯俯仰仰、起起伏伏、高高低低的协调，抑或便是变化中求趣味、聚散中相统一的协调……任意截取一枝，都自成"艺术"风景！

## 2

① 作为人，而今天你却如孙大圣般一变，也变成了盆景。你已丧失了正常的生活条件，生命贮满了劫难，甚至担忧自己体内的营养供给系统会在某一天清晨被人彻底切断……

是杞人忧天吗？《植物学》说：在植物体内存在着两条方向相反功能不同的运输线。树干中自下而上的运输线，将根部吸收的水分和无机物质输送往叶片，而皮层内部由上往下的运输线，则将叶片制造出来的养分运至树根。

有个说法叫作"树怕剥皮"。制作盆景时，倘若树皮被全部剥去，那么根部必被"饿死"无疑，根既死，水分就无法被输送至枝叶，枝叶必随之枯死。② 连贾平凹在小说《秦腔》里也写过：一旦知道谁"背过了白雪又说她的不是，我就会用刀子割掉他家柿树上的一圈儿皮，让树慢慢枯死"。

好在人出于功利，知道得让你半死不活，不，是半死仍活——以刀砍削去你的躯干的大半。即使算你还在活，亦是活在病残、痛苦和病态之境，尽管这并非生活，只算苟活！

❶ 这里的"你"是指盆景中的植物，用"劫难"一词说明植物被做成盆景时遭受了来自人类的伤害，好不容易才活下来，表达了作者对这些植物的同情和对人类自以为是的行为的批判之情。

❷ 引用《秦腔》中的描写，生动形象地说明树皮对于树的重要性，衬托出人们为了制作盆景割树皮行为的残忍。

你有无希冀天上的云、流动的风、飞翔的鸟能体会你的"痛苦"呢？你每天承受着无法解脱的痛苦，你欲抗争却无法抗争……你是罹病之人！你成了无法逃离、解脱痛苦的病人，成了被囚入但丁《神曲》炼狱的人！

你只有也只能永久地苟活在痛苦里。

① "今人以盆盎间树石为玩，长者屈而短之，大者削而约之，或肤寸而结果实，或咫尺而蓄虫鱼，概称盆景。"（刘銮:《五石瓠》）即便如此的"水旱盆景"，单从这些汉字，我们就听到了高高低低的木石的哭号。

② 病盆景承受着人类的苦难，
社会的苦难长成了病盆景。

"苟活者在淡红的血色中，会依稀看见迷茫的希望……"（鲁迅:《纪念刘和珍君》）然而在这人的世界，变成了盆景的你，苟活的你，却何曾能看到什么希望呢？

### 3

在她的身上，还曲折地体现了人的病态审美观。
自然的根源在人类的心智中。

——爱默生

她之所以出现如此的形态，是因为作为文化动物的

**旁注**

❶ 引用刘銮《五石瓠》中对盆景的定义，"屈、短、削、约"等动词，将人类制作盆景时残忍的手段描写得淋漓尽致，令人心惊。

❷ 由物及人，病盆景承受着人类带来的苦难，也反映了社会的苦难，即人类心理扭曲、畸形，因此去扭曲植物使之形成病态美，讽刺了人类病态的心理。

人之病投射入植物——盆景成了人类扭曲心灵的雕像。

①你大抵还该记得北京天坛公园里的那些辽代古柏吧。古柏的形成层已衰老死亡，树皮尽脱，那些没有施予任何人工斧斤而天然形成的白骨化现象和树皮剥落现象，真是古柏形态的妙物天成啊！然而，伟大的人为役使柏树盆景早日成为苍劲古朴，竟一反天然，为所欲为，施以绑扎，施以刀斧。

制作她是广为施予仿生学的。为驱使柏树枝条转形，就将金属丝与杆、枝条的夹角硬扭呈45度——牵牛花、鸟萝、金银花在篱笆上攀缘向上时，就是以45度角缠绕上升的。

也讲求"随人意赋形"。比如，一看好雀梅身上的某个部位，即以利刃凿一条深达木质三分之一的槽，想扭曲多少就多少，而后裹以麻皮扎以钢丝，至少捆绑逾三年方拆除。在漫长的三年日月里，间施以矮长素遏阻其伸长。

更对她动辄施予以大写意手术。大刀阔斧、大起大落、删繁就简，例行嫁接、蟠扎、修剪、提根，以呈虬曲苍劲之貌。如此术后的桩材，经由泥盆一两年②"培养"后，方植入古雅逼仄的小盆。

此等制造盆景的种种伎俩，不是既依托了扭曲的物象，又展露着人类的病态情愫吗？

明代屠隆在《考余事》中述制作松树盆景，就表白是以"马远之欹斜诘曲，郭熙之露顶鼍拏，刘松年之偃亚层叠，盛之昭之拖拽轩翥"四大画家的松树画作为典范。

❶ 以北京天坛公园里的那些辽代古柏遭受人类摧残的事实为例子，展现了人类对树的残忍和自以为是的丑态，表达了作者对人类扭曲心灵的抨击之情。

❷ "培养"表示反语，是对植物进行摧残、约束，使之苟延残喘，活成人们希望的样子，表达了作者对人类自作聪明行为的鄙视和嘲讽之情。

**❶** 这句话的意思是异化的不是盆景，而是人心，一针见血，引人深思。

① 人的心术异化入了盆景……

即便情郁病梅的龚自珍，对活生生的梅同样是"斫其正，养其旁条；删其密，夭其嫩枝；锄其直，遏其生气"，以遏制其正常生长的。

"师法造化，中得心源"本是中国艺术的主张，但在制作盆景时，人却一以贯之在"伤残造化"……中国传统艺术的许多观点，真是尽致淋漓而且发扬光大入制作她的过程了……

时至今日，聪明的人类便已形成的自成体系的病态的审美观念和刃不见血的操作规程，都付诸制作盆景的伟大事业了。

**❷** 连续用两个问句引人关注和思考，然后指出人们很多行为都是打着"审美"的旗号，实际上是在进行残忍的行为，揭露了病态美的本质。

② 凡审美的都在尊重自然吗？

都能"天人合一"吗？

……打着审美的旗号，于白天，

人在制造夜色的艺术……

**4**

人与植物，乃至与盆景本应如亲兄弟般相互尊重，这是唯一正常的关系。

美在关系。

——狄德罗

只是这大千世界里的关系，因为有了人的存在，而未必都美。

岂不是吗？人一狂妄就"一览众山小"了，就变得心中无自然，目空一切起来，老子天下第一起来……略施斧斤，就将一些树木，禁锢在逼仄的花盆里，① 像裹女人的天足成三寸金莲一样，剥夺其自由生长的权力，承受摧残……其实，对于人，这实在是算不上什么的，只是"雕虫小技"而已……

美，与爱、良心和尊重，
本应水乳交融。

② 人与盆景的如此关系，不已构成悖谬了吗？

人爱美，并没有什么过错。以美为目的行为本来也不应该产生什么丑。

然而，事实却非如此。真是应验了"美是难的"这一句古希腊谚语了吧。

何况若无人制造盆景，或让植物自然生长，就不会有盆景之美，不会产生由一棵树或一片石表现的无限的精神世界；人追寻美，爱美却在制造病美，竟会弄出这"丑"，会"好心办坏事"而伤害树，换言之，③ 欲美而这美，竟是病美，竟是大错，竟原来是丑啊！

据传龚自珍面对买回的三百盆病梅盆景，痛苦着甚至还可能是哭泣了三天后，便立誓"疗之，纵之，顺之"，而后逐一解开捆缚病梅的棕绳，砸碎了全部花盆，而移栽全部病梅于南山了……

① 用封建社会女人裹脚的行为来类比人类制造盆景的行为，形象地突出了制作盆景的残忍，同时令人思考：既然裹脚的陋习都已经清除了，那么制作盆景的陋习是不是也应该被清除？

② 照应开头的"悖谬"，指明人与盆景之间的关系本身就是有违常理，不应存在的，起到了释疑的效果。

③ 三个"竟"字起到了强调的作用，告诉人们制造盆景，这样的美是病态美，是错误的行为，甚至是丑恶的行为，希望人们能够停止这种制造病态美的行为。

然而，如此的作派正常吗？尽管如此是符合现代生态观的。

# 5

从树上爬下来直立行走后，这"人"，就在天天骄傲于"智慧"的同时，也日日迷误于"智慧"了。"聪明反被聪明误"。果然是，人掌控的技术越多，就越迷幻入技术主义的阴云，越陷落自己制造的病灶；表面看人是披着五彩朝暾在昂首阔步地进步，而从本质上看却是在一步步滑入落日的余光。

①——病盆景的"生长"过程，与人的异化或"人的病化"原来竟是同步的啊！

病盆景作为极端复杂的文化现象，突然就教我想起物理学上的一个概念——惯性。

惯性是一种自然属性，是谁也无法抗拒的自然属性，要命的是——这种自然属性也会衍化成人的"思想惯性"。

对"病的艺术"——盆景的追求，不已表现出惊人的思想惯性吗？

——左右惯性的其实还是也只能是文化或者文化心理。

谁能估算出文化的力量到底有多大呢？

我还想起摩罗在《文化对人类本能的制约》中写的不同民族的男人对妻子私奔的不同反应。

②爱斯基摩人多半会将诱惑妻子的男人杀死，以

❶ 从盆景到"人的病化"再到"思想惯性"，进而指出"文化心理"，环环相扣，层层深入，体现了严密的逻辑性。

❷ 列举爱斯基摩人和切依因纳人针对妻子被诱惑之后完全不同的处理态度来说明文化心理对人类行为的巨大影响，进而提醒人们不要被扭曲的审美观左右，否则可能会带来严重的后果。

此捍卫丈夫的尊严。这种仇杀如果一时无法得手，迟至十年之后还会拉满弓弦。切依因纳人（北美印第安人的一支）则做出一副无所谓的样子，那意思是我怎么会那么在乎一个女人的去留呢？他们不会有激烈的反应，只是要求诱惑者提供一些财富作为赔偿就够了……他们是一个节欲的民族，并不在女人身上表现男性的尊严，所以不会为女人爆发深刻的仇恨和愤怒。

这个例证，我以为已足以说明病文化对人的左右了。

啊，盆景——受人异化的"艺术"，
被强大的"人权"左右的"艺术"，
被病文化扭曲的"艺术"……

今天，自然的衰败与人的异化速度正在同步加快。盆景依然被一天天制造。

或许，人与盆景的问题，乃至人与自然的关系，唯有在人类消亡之后，才可能趋于和谐吧。

① 这地球村，难道不早就是一个硕大的病盆景了吗？

——你救得了盆景吗？……

❶ 采用反问修辞，强调了地球村就是一个硕大的病盆景，"你"根本救不了盆景，表达了作者面对人类扭曲的审美心理，无力改变的悲哀与无奈的心情。

## 延伸思考

1. "我知道你害怕直面盆景，尽管你有深深的盆景情结。你在盆景问题上至今还病着，陷入欲罢不能的悖谬，在今天，你仍得走近盆景"中的"你"指谁？为什么要采用第二人称？

_____

_____

2. 文中引用鲁迅《纪念刘和珍君》中"苟活者在淡红的血色中，会依稀看见迷茫的希望……"有何作用？

_____

_____

3. 品读文章，分条概括本文的语言特色。

_____

_____

# 微生灵笔记

名师导读

　　如果说人类对火山、海啸、地震等自然现象的敬畏属于宏观式敬畏，那么对于微生灵的敬畏则属于微观式敬畏。然而，人类往往只注重宏观敬畏，忽略了微观敬畏，以至于屡次遭到微生灵的复仇，多次面临近乎灭顶的灾难。因此，作者就围绕"微生灵"展开说明和论述，为读者揭开微生灵的面纱，展示微生灵的恐怖之处，以呼吁人类敬畏微生灵、保护生态平衡，具有极强的现实意义。

大如海洋，吞云吐月，

这微生物的世界……

——题记

## 1

一直以来，你基本是无视微生物的，甚至蔑视。

**❶** 对微生物的概念和主要类别进行解说，让读者对微生物有初步的认识，为下文阐明相关的观点、事理作铺垫。

你不太清楚①微生物是肉眼看不见的微小生灵的总称，微生物包含病毒、细菌、真菌和一些小型原生物、显微藻类等。微生物们的"身材"，普遍简单，出没土地深浅处，已证实有微生物可生活在地下19公里处。

在大海最深处、水深1.1万多米的马里亚纳海沟幽暗的底部，也生活着神秘的微生物群，这个海沟，可是将整座喜马拉雅山移入，山顶要露出海平面都还得再长高2000多米的所在。

那不胜寒的高处，微生物也有，云端就有，能扶摇空气飘泊至离地面36公里。雪花体内的微生物，可以促进雪花成形，假如尘世没有微生物，锦绣河山必将减少万里雪飘，减少下凡的生命。

**❷** 运用设问的修辞手法，自问自答，引起读者注意，强调了微生物是地球上第一批生命。

②若问：地球上第一批生命是谁？答：是微生物。

生命刚到地球时，大气中氧气还很稀薄。25亿年前飘忽于地球的氧气，由属微生物成员——海洋聚球藻"制造"的已达四分之一以上，你难以想象远古的蓝藻菌，是如何钻入植物祖先的细胞演化出制造氧气的光合作用器官——叶绿体的。

事实上，你身体里外的各个表面，均已被细菌、病毒、真菌和其他的微生灵公然覆盖，更要被长期占领，它们的数量超过万亿计。你血液中也有微生物，肺部和尿液中，也有。

**❸** 列举生活中的事例，生动形象地说明了微生物与我们生活密不可分。

③你吻上10秒，她与你就交换了微生物几千万个。你喜欢吃辣是你肚子里的微生物习惯吃辣。夫妻相何以形成？原来是夫妻体内的菌群已趋一致。人类不是总讲团队合作吗？众小细菌早已进行星球式运作了。

一只细菌耐药，耐药基因旋即传遍细菌共同体。

苏东坡不是自嘲满肚子不合时宜吗？其实该是他肚子里正胀躁微生物。

微弱却 ① 大音希声的微生物，一直密密匝匝重围着人类社会，而病毒——微生物社会的风云成员，却并无完整的细胞结构，唯寄生于宿主的活细胞方能生存，还不必签啥合同，就在人类社会，横空出世。

② 病毒是人类的"养母"。

假如请生物学家写"历史剧"，必含一亿年前人类的祖先被一种病毒感染的情节，此病毒的基因竟合成了蛋白质——"合胞素"，合胞素可增加雄性小鼠的肌肉质量，能潜移默化地塑造人体，这就是雄性哺乳动物的肌肉多于雌性的原因，更惊人的发现是这"合胞素"——竟是早期的胎盘！这可谓地球村的重大事件——"哺乳动物"将冒出地平线，新物种人类也将沐朝霞从远方走来……

病毒在地球上有多少？③ 一般认为有 200 万种，传播入人类的已达 263 种，这个数量尚不及疑似潜伏、可能感染人体病毒总数的 0.1%。按耶鲁学者齐默在《病毒星球》的说法：病毒不是多如牛毛而是多到"令人发指"！

地球不又叫水球吗？你在海里游泳就等于在病毒森林游弋，每升海水里含病毒 1000 亿个。

你吐纳生命，你只要吸气，即尽尝微生物的辛酸。

❶ 最大声音反而是听不见的声音，这是道家思想，指的是一种至极的状态，这里说微生物"大音希声"说明微生物虽然肉眼看不见但对人类社会的影响却是极大的。

❷ 把病毒比作人类的"养母"，生动形象地说明了病毒对人类生命诞生的重要作用，体现了文章语言的生动性和趣味性。

❸ 运用列数字的说明方法，以"200万""263""0.1%"等具体数据，有力地说明了地球上病毒数量之多，体现了文章语言的准确性和严谨性。

多数微生物并不伤害你，但不等于有的不保留"训诫"你的权利！

——靠自我膨胀，人类，果真做得了地球的主宰吗？……

## 2

任何瘟疫，终将乘黄鹤西去，我们现在不妨将目光转向草履虫。

①草履虫何物也？是一种其貌不扬的原生动物，扁圆筒形的身体，侧面看去就像草鞋，很弱小，体长仅 180~280 微米。

**❶** 使用设问的修辞手法，先提出"草履虫何物"的问题，引起读者注意，再用科学的话语进行解答，突出了草履虫长相平凡、身体扁圆、弱小等特点。

但草履虫和其他物种一样，各有各的"江湖"，精准地说，即凡有同样生活习性的物种，绝不会在同一地方竞争同一生存空间，如果同居一个区域，则必有空间分割（或食物区隔），换言之，即弱者与强者若处于同一生存空间，则弱者也自会有属自己的生存空间——这就是源自实验的伟大的"生态位法则"。

**❷** 以格乌司将一种双小核草履虫和另一种大草履虫放在一起所做的实验，具体说明了"生态位法则"，便于读者理解。

那天，②俄国生态学家和数学家格乌司将一种双小核草履虫和另一种大草履虫，分开放养在两个浓度相同的细菌培养基，不过几日，数量均增加了，把它们同时再置同一个培养基 16 天后，双小核草履虫们仍活得志得意满，但大草履虫却已杳如黄鹤。

是何原因？看记录，谁也没有分泌啥有害物质，更无相互残杀，原来，是竞争相同的食物时，双小核草履虫吃得多，长得快，且霸道，大草履虫只能出走"江湖"。

①格乌司又做了一个实验，将大草履虫与另一种袋状草履虫一同放在一个培养基中，咦，虫们却相安无事，都快乐异常，原来，尽管两种虫子吃同一种食物，可袋状草履虫嗜吃的，却是大草履虫不看好或不需要的部分。

真是造化神功啊，万千物种，肉食者、草食者各占"山头"，恪行其道，猫头鹰夜行、狮虎昼出、鹰击长空、鱼翔浅底……自然界竟是物种们各有"楚河汉界"！

自然界所懂得的是最好的。

——生态法则

君住江之头，我住江之尾。众生循道，互敬互重，如此这般，岂能不安详和美？

曾经肆虐地球村的流感病毒、艾滋病毒、埃博拉病毒和"非典"病毒，哪一种不是越"楚河"而复仇"汉界"？

②HIV-2 型病毒原是西非"白顶白眉猴"携带的一种 SIV 病毒，经演化而成 HIV-2 艾滋病病毒，是西非猎人大量捕杀这种咬人的猴子，遂使 HIV-2 艾滋病病毒"越位"染上人体，再借助"蝴蝶效应"，恶栖上人类。

我突然觉得有必要杜撰个新词——"生态有界和美体"，我视其是地球村最理想的生态体，此生态体中人与万物即各自独立、各美其美、各据江湖，恪守"有界"，既互敬互重、互不侵犯，又和而不同、和美共处。

**❶** 再以格乌司另一个实验为例，进一步证明"生态位法则"的存在，增强了说服力，体现了文章内容的真实性。

**❷** 以 HIV-2 型病毒为例，具体地说明了肆虐地球村的病毒都是人类越"楚河"，遭到病毒报复的结果，引人反思。

# 3

前不久疯传过的一个段子：

一直以来，人类总是把动物关进笼子，而今天，它们却终于成功地将人类关进了笼子！

而你的思想却不那么容易被"笼"着。

书画家都在写"辛弃疾、霍去病"，贴蝙蝠图，祈求"百毒不侵"。你却想，假如人真是"蝙蝠体质"，百毒不侵，才真叫福气。

①蝙蝠身上存在的病毒就有上千种，本是名副其实的"毒王"，何以不受病毒侵害呢？

生物学家认为，作为全球约4600种哺乳动物中唯一的飞行者——蝙蝠，其飞行时身体会产生大量的热量，体温可升至38℃~41℃，如此高的体温，可适当抑制病毒复制，尤为重要的，是蝙蝠通过长时间进化，体内被称为"干扰素基因刺激蛋白——干扰素"的抗病毒免疫通道，会被抑制，既可抵御病毒的侵袭，还不至于引发过度的免疫反应。

人可能有"蝙蝠体质"吗？你想象家之四壁如被蝙蝠趴满，百毒就也该被拒之门外吧。

想到这里，你突然就上了屋顶仰观天象，地球还在转，青山依旧在，街上却空荡荡，连一只猫也没有，想来猫都在家。夜空，似是洗过了脸，洁净了许多，也寂寞了许多。

**❶** 以蝙蝠为"毒王"却不被病毒侵害为例，并且采用疑问的方式，既能吸引读者注意力，又能引起读者的思考。

① 你突然大惊：明白人其实是可过"简单生活"的，五谷杂粮有，油盐柴有，水有，醋在，就够了……这等于在喻示：人类欲出"樊笼"，就须回归悠然见南山、人足迹罕见之山林，这才是真正的诗居自然……

**❶** "你"字是包括作者在内的所有人，采用第二人称的方式，便于和读者直接交流，引发读者的情感共鸣。

## 4

蝙蝠作为食物链中不可或缺的一环，并非一无是处，其从不主动"越界"攻袭人类。存在天地间者，必有其合理之处。假如将蝙蝠"灭杀"，将蝙蝠视作天敌的蚊子必将肆虐尘寰，不是有统计说蝙蝠一夜间就能捕食蚊虫 3000 多只吗？蝙蝠若果真被"灭杀"光，那么依附蝙蝠为生、居生物链下一环节的动物和微生物势必随之灭绝，一条完整的环环相扣的食物链必将重新洗牌，全球生物界大浩劫，将无法避免。

②苍穹之下，自由的风，鸟兽归林，草木荣枯，每个生命都值得尊重。

——玉镯儿《苍穹之下》

**❷** 作者引用玉镯儿《苍穹之下》中的话来表达自己的观点，意在呼吁人类尊重自然界的每个生命，以维护生态平衡。

可见，人类灭杀它们，即使不等于是朝大自然举起屠刀，也是与大自然的成员为敌，把自己推向血色夕阳……

其实，即便是病毒也未必是非要疫杀蝙蝠、穿山甲一类宿主而后快的，何也？③病毒寄生宿主，为的是起码的生存，宿主本是它们的"饭碗"，谁愿意砸掉自

**❸** 把病毒的寄生宿主比作病毒的"饭碗"，既生动又有趣，形象地说明了人类灭杀病毒寄生宿主后可能会遭到病毒报复的道理，起到了警示效果。

己的饭碗呢？

人类，其实不妨也反过来想想：大自然会生"灭杀人类"之心吗？

## 5

今天人类对自然的敬畏，即便多少还有，也多是宏观式敬畏，多是敬畏诸如火山、海啸、地震类，宏观式敬畏固然重要，但微观式敬畏，对微生灵的敬畏究竟有多少呢？

微生灵，不仅仅是自然生态链的一环，一样承载着自然、社会的全部信息以及人类的未知，既有喜怒哀乐，还深通天地命门，手握远比社会规律、政治体制更诡秘、更防不胜防、更严苛的生态法则。

①人类历史上暴虐的"十大瘟疫"，哪一次不是微生灵所为？！

**❶** 运用反问的修辞手法，强调了人类历史上暴虐的"十大瘟疫"都是微生灵所为的事实，突出了微生灵的可怕。

1347 年开始，黑死病席卷欧洲，3 年内死去 2500 万人，占了欧洲人口的三分之一。仅三个月，最繁华的佛罗伦萨百姓就死去近半。"……每天黄昏，都有人推着独轮车，手摇着铃到处喊：'收尸了，收尸了'，家家户户就会开门将尸体搬至车上，推到城外焚烧。"（麦克尼尔：《瘟疫与人》）患者家的门窗被强行以木板钉死，活活饿死许多人。只要身上长点皮疹，就可以被拉去活埋。然而，却是这场黑死病，竟轰然撬开了中世纪的铁幕，犹江河决堤，从佛罗伦萨呼呼引燃起以人为本的"文艺复兴"之火……

①而"导火线"竟是热那亚一艘破旧军舰，停泊意大利时有几只携鼠疫杆菌的老鼠跳下船后，泅游爬上了岸……

敬畏是一枚严苛的硬币，

正面乃敬重，反面是畏惧。

——细想，我们人类"寄生"的地球村，又何尝不是病毒昼夜出没、诡异合唱的"大航船"呢？

"很多蝙蝠的洞就在一些海域和河流旁，涨潮的时候，蝙蝠粪难免进入海中，污染海域。②蝙蝠粪便虽只如米粒大，却含有病毒上亿个。"

更且，由于"球温"的持续上升，地球两极的冰川正加剧融化，那些在极度冰冷环境下休眠、对环境适应能力强盛的病毒、细菌，有的或许已经"复活"飞出了潘多拉冰盒，或已"扩散"至茫茫海域，还很可能栖附鱼虾被捕捞上了岸……它们，可都是人类非常陌生的"新魔"哪……

人类作为物种，还有什么理由不强化对微生灵的敬畏呢？

❶ "竟"表示出乎意料，这里起到了强调的效果，说明恐怖的黑死病居然是因为人类大意带来几只携鼠疫杆菌的老鼠引发的，有力地展现了微生灵的诡秘、防不胜防，提醒人类要敬畏微生物。

❷ "米粒大"和"上亿个"形成了鲜明的反差，突出了病毒之密集和恐怖，令人震惊。

## 延伸思考

1."这就是源自实验的伟大的'生态位法则'"中的"生态位法则"指什么？

_____

_____

2. 下列句子用了哪些说明方法？有何作用？请简要赏析。

（1）地球不又叫水球吗？你在海里游泳就等于在病毒森林游窜，每升海水里含病毒 1000 亿个。

_____

_____

（2）真是造化神功啊，万千物种，肉食者、草食者各占"山头"，恪行其道，猫头鹰夜行、狮虎昼出、鹰击长空、鱼翔浅底……自然界竟是物种们各有"楚河汉界"！

_____

_____

3."由于'球温'的持续上升，地球两极的冰川正加剧融化，那些在极度冰冷环境下休眠、对环境适应能力强盛的病毒、细菌，有的或许已经'复活'飞出了潘多拉冰盒"中的"或许"能否删除？为什么？

_____

_____

# 肥　皂

肥皂为什么能够清除油污？肥皂泡泡又是如何形成的？肥皂和洗衣粉、洗涤剂相比，有何优缺点？……你是不是也对肥皂的世界充满了好奇心？作者通过本文为读者解答一些与肥皂有关的科学知识，述说肥皂诞生的传说，解密去污渍的奥妙，分析被人搁置的原因……不但如此，作者还借肥皂喻人，赞扬了如同肥皂一样默默无闻，敢于和污秽做斗争的人。

---

尚不干净的世界，还离不开肥皂。

——题记

① 今日洗衣，肥皂在手，手感柔滑腻实，扩散着春天那种草木气息，突想，人类在没发明肥皂之前，或手头一时没有肥皂时，浣衣，用什么？

小时候，吾乡粤东客家人洗衣裳，倒是有用山上

① 开篇从触觉和嗅觉入手，写肥皂的滑腻、清香，引发了读者的联想，再提出在没有发明肥皂前，人类用什么洗衣服的问题，激发读者思考和好奇。

香茅草的，有用沸水泡草木灰的，还有用皂荚树沙哑作响的皂果的，当然，用阔叶山茶籽的，也有。李白在《子夜吴歌·秋歌》咏"长安一片月，万户捣衣声"，那时长安妇捣衣，该是以河水就月光的吧。

**❶** 插入关于肥皂起源的罗马传说，丰富了文章内容，增添了趣味性。

有一年夏天我游罗马，耳闻一个传说，①云古罗马人喜欢祭神，古罗马的赤日与中国《水浒》赤泥岗上的太阳同样毒，能将禾稻烤至半枯焦，肥肥的羊肉祭品自然被烤化，那羊油一滴滴滴入祭坛下的草木灰，混凝成油脂球，小小的油脂球被风一吹入河水，在水上漂，浣衣妇觉得好玩，就恶作剧，一把把抓起，朝女同伴身上抹，被抹上者，笑闹着跳入河水，衣裳上的污物居然很容易就被洗净了，由此，"油球混灰"，便开始在古罗马流传了……

最近我读到了一则该是肥皂最早的文字记载，出自古罗马著名学者老普林尼的手笔，他写道，每逢节日，高卢人（法国古名高卢）都盛装歌舞，彻夜狂欢，他们事先，总喜欢将草木灰和山羊脂搅在一起，浓涂艳抹头脸，画各种脸谱，塑各种发型助兴，一天大雨冲散了聚会，人们回家卸妆，方发现草木灰和羊脂的混合物合谋雨水，已将他们的头脸洗刷得干干净净……早期的肥皂就这样出现了。

肥皂的宏观"骨肉"虽然已被人发现，但微观结构，却长久地，依然是世人面对的一个谜。

**❷** 一问一答的形式起到了引人注意的作用，强调了要靠化学家才能看穿肥皂的微观结构这一科学事实，自然引出下文对肥皂的分子结构的分析。

②若问：看穿肥皂微观结构之谜，靠什么？

答曰：得靠化学家神奇的眼睛！

在化学家看来，肥皂，无论多沉实、多油滑、多能去污，皆是高级脂肪酸钠在起作用，这高级脂肪酸的主要成员是什么？是钠盐和钾盐，①这两个家伙的分子端基团就像"两头蛇"，一头很易溶于水，叫"亲水基"；另一头则为"亲油基"，虽不溶于水却溶于油。

我们嘴上常挂油水两字，在肥皂这里，却并不存在油水有无的问题，反而是油水相亲，你若不信，看看这肥皂去污时的"两头忙"，就明白了。

肥皂一搓抹上人间内蕴丰富的衣物，肥皂与油污分子随即狭路相逢，②"亲油基"宛如长枪，即时插入油污，"亲水基"则摆脱油污而进入水中，于是乎，油污已成陷入穷途末路的敌骑兵，被包围，万物之灵还以手搓之揉之，以水，洗礼之，那肮脏，那污浊，还能不被"拉下马"吗？只能摔打成散状的细小珠滴，被漂洗殆尽，还原出衣物的本色，洁净、美丽。

可以想象这去污浊的过程，是多痛快！

在这尘世该有的去污运动中，我觉得值得高度重视，且要认真艺术表现的，还有功德无量的肥皂泡。

当污脏们与肥皂分子及水分子一短兵相接，污脏们与衣服纤维的附着力只好开始减小，人施以的搓洗，助澜推波，更是无法不让肥皂液渗入丝丝缕缕的空气……肥皂泡的大小，取决于气量的大小，即泡中所围的空气，决定了这人间，出现大大小小鼓胀发育的肥皂泡！

③生活，何时会缺少与污秽不共戴天的肥皂泡呢？肥皂泡乃肥皂浮泛缤纷美丽的化身。

当然，肥皂泡的产生还得遵循自己的规律。

❶ 采用打比方和分类别的说明方法，把钠盐和钾盐的分子端基团比作"两头蛇"，并且分别介绍其名字，使文章条理清晰，内容鲜明，突出了肥皂的分子结构。

❷ 这段话采用了比喻和拟人的修辞手法，将肥皂分解油渍的过程写得非常生动具体，化抽象为具体，便于读者理解。

❸ 哲理句。表面上写与污秽不共戴天的肥皂泡，实际上在写生活中从来不缺乏与污秽行为做斗争的正义之士。

总如魔幻似的，你越搓洗，肥皂泡在你眼前就生得越多，流转浮泛出弧状的七色神光，就越美丽，可需要我说破的，是这肥皂泡的美丽，只能来自那如世人绷得紧紧的脸皮般的薄膜，是这薄膜，扩张了肥皂液的表面积，使薄膜状的肥皂液颇具收缩力，这种液面的收缩力，叫"表面张力"，正是它的又弹又拉，方使这人间沾着的污浊，能够脱离得更彻底，令污浊能够更好地幻变为朵朵"恶之花"，随波逐流……

由肥皂泡，我想起了儿子晴川在童年时给我讲过的一个童话：从前有个肥皂大王，总想与人类开个国际玩笑。那天，他终于让自己炮制的肥皂泡，似大江浪潮一般朝陆地喷涌，没多久，陆地泛滥成了泡泡之海，冒头之人，一个个口沾泡泡，活脱脱就像海滩上的螃蟹。幸好赶来了一群毒蜘蛛，二话没说，就呷吧呷吧使劲地吃呀吃，终于将泡泡一个个吃掉。"泡泡吃光了也不好"，儿子说，"那样我就吹不了肥皂泡了。"我知道孩子们都喜欢肥皂泡，用麦管或塑料管蘸上肥皂泡，小管子含在嘴里，嘟起小嘴巴，朝太阳吹去，肥皂泡从管子里喷涌而出，在阳光下飘啊飘，色彩迷离，幻变出美妙的童话意境。

儿子还告诉我，用热水做肥皂液，吹出的"气球"会更多更大。

①我自己也发现，以热水洗衣裳，产生的肥皂泡，比冷水洗时要多得多，去污力亦更强。

这是什么原因？是我们天天离不开的水，这能载舟也能覆舟的水，柔软的水，还存在"硬度"，此硬

❶ 采用作比较的说明方法，把肥皂在热水和冷水中去污力强弱进行比较，突出了热水更容易使肥皂分解的现象。

度由某些物质所致。水不同硬度也不同。<sup>①</sup><u>比如井水，就是含钙、镁离子较多的硬水</u>。你我打井水浣衣，加倍搓抹肥皂，下狠劲地搓揉，也甚难达到以硬度低的蒸馏水洗涤衣物来得干净。

假如你将井水加热——加热促进了化学反应，水的硬度被降低，肥皂又有了温暖如春的环境，<sup>②</sup><u>这恰似大赛前运动员经过了热身，已容易进入运动状态，主观能动性得以提高，那除污去浊之力，自然已不可同日而语焉。</u>

然低头细想，在这个世界，论皂去污，谁又会以虚幻之泡泡多少论英雄呢？何况这去污的过程，也并非就那么和风细雨，即便你不一脸严肃地高举洗衣棒，猛烈地一下下捣衣，你也要亲自出力搓之、擦之，一双玉脚，也可能会伸入洗衣盆，踩之、踏之，甚至手舞足蹈，也未可知，至于让洗衣机高速振动旋转之，也可理解，你明白，唯如此，才算没让英雄好汉般的肥皂闲置！

闲置，乃肥皂的悲哀。

何况，这肥皂的闲置，还不同于琴、鼓的闲置，可置于墙上、厅中，可鉴、可赏，多情善感的诗人或潇洒瘦弱的艺术家，还可以无中生有，听出音乐和鼓点来。肥皂的闲置，纯粹就是"闲置"哪！是眼睁睁让时间如大江大河般白白流逝的闲置，是两手空空一无所"摸"忍看污秽浊天兴风作浪泛滥人间的闲置。<sup>③</sup>倘若连闲置都不配，被冷落墙角一隅，就只有跌入忧伤、哀愤，境遇如斯的肥皂，再遇上阴冷冷、雨凄凄

**❶** 以井水为例，说明了水有"硬度"的科学原理，化抽象为具体，使读者能够更容易理解深奥的科学知识。

**❷** 运用类比的手法，用运动员做热身运动能够提升主观能动性的情况来类比热水能够加速肥皂溶解的情况，深入浅出，便于理解。

**❸** 把被闲置在角落里的肥皂上的水珠比作孤寡老人的眼泪，生动地体现了肥皂被闲置在角落里的凄凉，体现了作者的惋惜之情。

的天气，脸面上濡结些水珠儿，圆溜溜的，真还状如孤寡老人凄冷的泪滴。

谁又可容忍将肥皂闲置呢？

从这个世界制造出第一块真正意义上的肥皂，到闻一多写出名诗《洗衣歌》，① 肥皂参加工作已经多年，而这个世界依然污秽，许许多多的肥皂，工作依然不对口，甚至连期待也没有，仍被闲置，被下岗。

我想，发现肥皂已殊为不易，发挥肥皂的功能，依然任重道远。

而且，发挥肥皂的价值，也绝不能依赖什么理论，更不尚空谈，空谈亦误皂也，靠的，只能是让肥皂到位，你撸起袖子，去搓，去洗。

需要说明的是，在这还不干净的世界，肥皂其实也知自己仍有提高的空间。② 洗衣粉、洗涤剂这些后起之秀，论去污功能，与肥皂大同小异，但肥皂分子结构中的亲水成分，与这些"后生"比，对钙、镁离子，却表现得要"敏感"些也"脆弱"些，也就是说，肥皂的去污"立场"，也并非总是一直那么坚定，每遇污浊，还未全面"交手"，多少也会产生些不溶性"皂垢"，"马失前蹄"而沉沦水底，使去污的大业打些折扣。

可我们的生活，却还未达到可以离开肥皂的时候。

"士为知己者用"，皂为去污者献身。一进入工作状态，你就得消耗自己，你会越来越小，甚至被忘却……

世界已变得越来越小，可肥皂直面的天地，依然很大很大……

---

**❶** "参加工作""工作不对口""期待""下岗"等词运用了拟人的手法，赋予肥皂人格化，体现了肥皂从受人追捧到成为"过气"产品的变化，语言幽默风趣，耐人寻味。

**❷** 将肥皂与洗衣粉、洗涤剂等进行比较，突出了肥皂的优缺点，揭示了"人无完人"的道理，鼓励人们要像肥皂一样，既要发挥自己的作用，又要不断进取，才不至于被社会所淘汰。

## 延伸思考

1. 阅读文章，分条概括肥皂去污渍的过程。

_____

_____

2. "正是它的又弹又拉，方使这人间沾着的污浊，能够脱离得更彻底，令污浊能够更好地幻变为朵朵'恶之花'，随波逐流……"这句话中的"恶之花"指什么？为什么这样说？

_____

_____

3. 品读文章，你认为文中肥皂象征怎样的人？读了文章后你有何感想？简要谈谈。

_____

_____

# 绝种动物墓碑

**名师导读**

本文篇幅短小，内容鲜明，主旨明确。作者用朴实的文字讲述了人类过度开发自然资源，导致生态失衡，进而引发越来越多动物灭绝的现象，引发了读者的反思。文章从"绝种动物墓碑"切入，以此为标题和线索，既能使文章脉络清晰，角度新颖，又能让墓碑成为警世标志，引起人们对动物灭种问题的关注，收到呼吁人类保护生态平衡的效果。

> 将地球变成动物公墓，人类就等于永远生活在公墓里了……
>
> ——题记

纽约动物园有一个"濒临灭绝物种公墓"。近年来，每到 10 月的最后一个黄昏，不管阴晴雨雪，都会有不同肤色的人默默来到墓地，为当年灭绝的动物们竖立墓碑。苍茫暮色里，墓碑肃立，发人忧思。

在"北京濒临动物中心",也有一片墓地,林立着黄色小墓碑和十字架。这里集中了我们中国人为业已绝迹的地球村居民——动物们竖立的"灵位"。墓碑上,镌刻着该种动物"终种"的时间,字迹凝重、庄严。

科学界普遍认为:今天物种灭绝的速度,已大大超过了物种在自然进化过程中死亡的速度。①300年前地球上还有大约25亿个物种,今天仅剩1亿种了。在灭绝了的24亿个物种中,有60%灭绝于20世纪。就尚存的1亿个物种来说,动物正以每天1种的速度灭绝,植物以每小时1种的速度在消失。按照这样的速度,百年之后,地球村里会有1/3乃至2/3数量的动植物,以及其他有机体,将呜呼"上西天"。这将不啻是令人沉痛的现实!在每一个日子都伟大,都有创造,都富含科技的世纪,地球村屋前屋后的陆地、湿地和海洋,确乎是早被自封为响当当的②"最高级动物"们,改造的改造,改变的改变了。沼泽寒潭,干涸龟裂,即便是败柳摇落寒潭的凄苍风景,也难复再现了。郁郁森林,离离草地,不是变成了光山、荒漠,就是被"选择"变成了城市和道路,任谁也无法阻挡。"风吹草低见牛羊"的绿色风景,已成为过去时,只能引发凄怆感喟,冷色哀叹。

③我们能够让地球村里的"死亡区",如同瘟疫,肆无忌惮地扩大、蔓延吗?我们有能力教偌大的一个地球村,不再自西向东旋转,而一步步向"死亡村"旋转吗?为绝种动物竖立墓碑,或许,很快将不再是黑色的时尚,而将成为最高级动物们的"家常便饭"。

① 采用列数字的说明方法,用具体的数据来说明动植物灭绝的种类之多,速度之快,有力地支持了"今天物种灭绝的速度,已大大超过了物种在自然进化过程中死亡的速度"这一推论。

② "最高级动物"是对人类的称呼,表现了作者对人类自以为是、自作聪明行为的讽刺。

③ 用反问句,增强了文章感染力,强调了我们不能够让地球村里的"死亡区",肆无忌惮地扩大、蔓延,我们不能让地球村走向死亡的观点,加深了读者的印象。

这个地球村，人类已多墓地，然而，即便是晚秋，映入你眼帘的许多墓园，即便是墓碑大集团地耸立苍茫，也多是或安谧宁静，或绿草无边，如此的墓园，倒真还难以让你读出多少哀伤和恐怖。我的意思是说，万一你走入的是灭绝动物墓碑林立的墓地，你的感觉与进入人的墓地必将迥然不同——笼罩你的恐惧、畏惧，将比漏夜独行坟山野岭，更甚。

在潇潇难歇的春雨中，"北京濒临动物中心"墓地通告牌上的每一个汉字都是给最高级动物们敲响的一记丧钟：

**❶** 三个"当……"的句式，形成排比，增强了气势的同时引人联想，突出了"当动物都灭绝的时候，人类也将灭亡"的观点，起到了提醒人们保护野生动物的作用。

① 当地球上最后一只老虎在林中孤独地寻找配偶，当最后一只没有留下后代的雄鹰从天空坠向大地，当鳄鱼的最后一声哀鸣不再在沼泽上空回荡……人类，就等于看到了自己的结局！

如果作为高等动物的我们再不能彻底地行动起来，再不能在行动上保护生态环境，再不能真诚地给还能有幸地生活在人间的动物多一点温情，那么，将不知写有"人类"这两个字的墓碑，这比爱情两个字还辛苦的墓碑，该由苟活的谁来竖立？

## 延伸思考

1. 作者为什么要从纽约、北京的灭种动物墓地写起?

_____

_____

2. 从文中找出"高等动物"破坏生态平衡的行为。

_____

_____

3. 文中的"我"认为灭绝动物墓碑林立的墓地和人类墓地哪一个更让人感到恐惧? 为什么?

_____

_____

# 论嫉妒

**名师导读▶**

作者引用培根的话开篇，自然引出嫉妒的话题，并且突出了嫉妒对人心的强大破坏力；接着分析嫉妒之心产生的根本原因，再讲解其对个人、群体和社会的伤害，最后告诉读者应该如何去做，才能让自己远离嫉妒，成为一个快乐的人。本文观点鲜明，思路清晰，逻辑性极强。

❶ 开篇把"嫉妒"和"暗箭"比作孪生毒瘤，既生动形象地写出了这两者的紧密关系，又突出了文章的中心论点，令读者印象深刻。

①嫉妒与暗箭是人性的孪生毒瘤。

——题记

友人聚会，聊起身边的嫉妒人事，云雾诡异，令人唏嘘。夜入书斋，翻开培根随笔集中的《论嫉妒》，开篇劈头即是："在人类的各种情欲中，有两种最为惑人心智，这就是爱情与嫉妒。"白纸黑字，大哲学家竟如此高看嫉妒，令我着实吃惊不小，同时，也引发出我对嫉妒内涵的孔见。

概而观之，嫉妒是指人对身边的幸运者或潜在的幸运者感到的冷漠、不平、不安、羞辱、贬低、排斥、厌恶乃至敌视并以求占有相同优势的心理状态。

①嫉妒他人，是委实可怜的，等于承认自己比不上他人，已跌入自卑的泥淖。

何况嫉妒与自私同穿一条裤子。嫉妒心重者，心理扭曲，不可能有真正的朋友；真朋友之间，是不存嫉妒之心的。

其实，嫉妒也是人和好些动物的本性。动物学家曾做过这样的实验：②当狗狗的主人抚摸和表扬可以"汪汪"直叫并能发出呜呜之声的玩具狗时，他所宠爱的小狗狗，随即便会嫉妒横生，狂吠，并以嘴猛顶猛推主人或那只玩具狗。实验一结束，狗狗就跑过去细嗅玩具狗的屁股，视其乃真狗也。我家宠养的贵宾犬巧克力，见我一抱别家的小狗，有时也会吠着，跳将起来，以前爪扑我。每次我隔着邻居的家门与那只名叫"女王"的漂亮牧羊犬打招呼，巧克力马上就会蹲在地上，昂着头，朝我大吠，其意我明白：一是不满。二是需要我弯腰抱它，慰藉它，让它心灵平衡。

人的嫉妒，显然比狗狗要上层建筑得多，复杂得多，都源于心理攀比，假如与自己距离较近、境遇又相似之人，取得的成就或某方面优于自己，而此却正是自己在乎的，那么，心理的大厦顷刻就会失衡坍塌，漫生妒意。倘若成功者与自己没有一毛钱的关系，谁会漫生什么嫉妒呢？③从没有见过哪位商人会嫉妒一个作家。

❶ 直接提出观点，指出嫉妒别人的人实际上是可怜之人，是承认自己不如他人，被自卑困惑了，一针见血，突出了嫉妒的实质。

❷ 以"我"家狗狗嫉妒牧羊犬的事件为例，证明了嫉妒是人和动物的本性。

❸ 商人不会嫉妒作家这个浅显的例子化抽象为具体，让读者更容易理解只有与自己距离较近、境遇又相似之人比自己优秀时才容易产生嫉妒心理这一道理。

　　嫉妒，可以说是情感的毒瘤，甚至是恶魔，其所荷载的负能量真是难于封顶，还颇具攻击性，仔细想来，这攻击性表现有二：一是内向自虐，"好嫉妒的人就像锈腐铁蚀那样，以自身的气质腐蚀自己。"（安提斯德内语）凡是嫉妒，都有强迫倾向，折磨自我，让自己陷入阴暗；二是外向出击，因为难于自控，因而以卑下的手段，制造事端、流言，去中伤，去阻挠，去栽赃，去陷害，即便"像空气一样轻的小事，对于一个嫉妒的人，也会变成天书一样坚强的确证，也许可以引起一场是非"（莎士比亚语）。

　　有人认为，嫉妒也存在积极的一面，意谓嫉妒他人，某种程度上也可以产生激励作用，让你更好地认识自己，作出更精准的努力，比如同事晋升，虽然心怀嫉妒，却也可让自己愈加卖力干活而得以升迁——此论大家不妨探讨。

　　任何嫉妒，都会对个人、群体或社会造成伤害。<u>① 嫉妒心是一个人胸襟宽窄的显示器。</u>

　　善良者往往少嫉妒他人。嫉妒心重的人，发展格局总大不到哪里去。要比，也应该多与自己的过去比，嫉妒的阴霾就会渐次消失，让尘世，荡漾更多的春意，天明地静。

❶ 将嫉妒心比作胸襟宽窄的显示器，生动形象地阐明了心胸狭窄的人才容易产生嫉妒心，这种人对个人、群体、社会都会带来伤害，化深奥为浅显，使读者更容易理解。

## 延伸思考

1. 品读文章，提炼文章的中心论点。

_____

_____

2. 嫉妒产生的根本原因是什么？

_____

_____

3. 嫉妒心有哪些危害？请分条概括。

_____

_____

# 鸣沙山·月牙泉

　　本文内容简明，语言既科学严密，又富有生动性和形象性。作者将文章分为两个部分：第一部分围绕"鸣沙山"是否鸣叫展开探寻和讨论；第二部分围绕"月牙泉"清泉不竭，不被沙子填埋的奇观进行阐述。两部分内容都充满了科学性、文学性和哲理性，尤其是第二部分，突出了作者强烈的生态保护意识，通常会用来出启发性试题。

----

　　鸣沙山与月牙泉的对峙，是绝望与希望、生命与死亡的对峙。

——题记

## 1

　　唐书《元和郡县志》："鸣沙山一名神沙山，在敦煌城南七里，其山积沙为之。"它东起莫高窟，西止睡佛山下的党河水库，①绵延 40 多公里，南北广布 20 余公里，最高处海拔 1715 米。游鸣沙山前，我专门查阅了气象资料。敦煌乃苦旱之地，年降雨量只有 39.9 毫米，年蒸发量竟高达 2400 毫米，仿佛是一窝幼鸟，朝上苍使劲地天天嘶喊着，张着求喝的嘴。我朝依然被夜色笼罩的鸣沙山走去。有几盏风灯游过来，几个骆驼主牵着骆驼靠过来，诉说着骑骆驼上鸣沙山如何如何好，声音干燥而低沉，却响得有些不真实，漫向空阔。鸣沙山夜色渐稀，然依然寂静，犹同上涌不久就凝固的连绵的长波大谷，高低起伏，线面柔缓；你想象不出鸣沙山白昼午间沙温竟可高达 70℃。当然更看不见鸣沙山之沙，每一粒皆在压抑干渴。你突然就听得夜色几乎已脱尽的鸣沙山在鸣，侧耳再听，原是幻听。鸣沙山，在你的眼前、脚下，未鸣。

　　你脱下鞋子，开始攀爬鸣沙山了。你一下子就触到了鸣沙山的神奇。你感到了鸣沙山的不结实。你的每一步都是现实的，然却又是不踏实的，抑或说脚下总是松的、软的、浮的、下滑的，悬铺着理想主义的虚幻。绵延数十公里的鸣沙山你向上的每一步，不知不觉间总似在退滑半步。②你原以为这不足 300 米的沙坡，很快就可以走完。你发现鸣沙山一点也不含糊地在大耗你的体力。沙子渗入了你的袜子，没过多久，你一提脚，袜子就沉若沙袋。你只好坐下来，屁股一下子就陷入沙里。你认真地抓起一把沙子，细细的如同芝麻，又如同流水不知不觉就从指缝间漏去，随风飞荡，奇怪的是风很大，却无声。鸣沙山啊，你的沙

❶ 用准确的数字说明了鸣沙山的长度、宽度和高度，使读者对其大小、形状有了清晰的认识，体现了说明文语言的准确性。

❷ 想象很快就能走完沙坡和现实举步维艰的情况形成了鲜明的对比，突出了沙坡的地质特点。

子何以如此细碎？是由于昼夜温差太大，白天黑夜折腾，沙子自动爆裂的成果吗？山怕出名猪怕壮。这么多攀爬者的七手八脚，这么多喧闹的摩摩擦擦，这么特殊的气候环境，即便是磐石，也早风化了、细碎了。而细碎的沙就能鸣唱吗？<u>①鸣沙山依然未鸣。</u>

**①** 反复强调鸣沙山未鸣的情况，与其名字显然不符合，起到了设置悬念，引发读者好奇心的效果。

《后汉书·郡国志》说："水有悬泉之神，山有鸣沙之异。"鸣沙山，乃姓"鸣"之"沙山"也。鸣沙山，峰峰谷谷，山不见平，"鸣"就一定是其宿命吗？鸣沙山又何以能鸣呢？神话传说固多，解释固多，但多穿凿附会。什么才是其科学解释呢？导游说，天气炎热之时，沙粒温度极高，且极干燥，风力推动时，或者在一伙伙游客同时从山顶飞滑而下时，一旦引发沙的大动，就可听到沙的鸣唱。细如芝麻的含石英晶体的沙，多带水的流性，多含杨花的动性。性易动，动必摩擦。多摩擦，必如频繁交往的青年男女，难得不生静电。静电之释放犹同我们冬日之速脱毛衣，总能发出爆裂声，经沙山群峰壑谷的共鸣放大，必若雷鸣。我以为这种解释是科学的。我的朋友马上独个儿自半山腰蹲一滑沙板飞滑至山脚，倒也山鸣谷应，然却断非沙鸣也，乃朋友之惊呼自鸣也。鸣沙山依然未鸣。

**②** 想象月牙泉"在喊我，在等我"，突出了月牙泉的美丽，体现了我见到月牙泉时的激动心情。

鸣沙山不鸣，我们就不鸣了吗？当我们终于爬上了鸣沙山山顶，就禁不住欢呼弯弯秀眼——月牙泉雀跃、雷动自鸣起来。②而这时，我猛一回头俯视，竟<u>惊见月牙泉，正身披微煦晨光，正弯、正蓝、正亮在鸣沙山下，在喊我，在等我。</u>

# 2

月牙泉的水域其实并不很大，①东西长逾300米，南北最宽处50余米，地位低矮而谦卑，这水在鸣沙山的怀抱里，果然酷似月牙。水清清而泛绿，波微微而荡漾，星月皎洁之夜，嫦娥梦醒之时，环顾上下，或许会弄不清自己究竟是置身天上月呢，还是沐身月牙泉。

月牙泉是本该得到无尽呵护的。如同嫦娥弯弯秀眼一般的泉，是难容半粒沙子的，但是，环月牙泉皆沙山也，皆是长腿的、会流善动的沙山也。被如此的沙山包围，难道不是一种冤枉、一种压迫、一种危机？鸣沙山的形势，是极可能将月牙泉彻底埋葬的。尽管泉之东也有白杨，亭亭玉立；也有芦荡，芦花飞白；也有画眉、麻雀，欢欣雀跃。泉南岸呢，也有馆阁楼台，绿树草地，泉北畔还有铁栅耸立，水草伏岸。泉水中，更有相传能治疑难杂症的铁背鱼，有吃了可以长生不老的七星草。②然而，仅仅依靠这些，就能挡住流沙吗？如此的"生态环境"，能适合月牙泉生存吗？

月牙泉的坚守，无疑是困难的，甚至还是残忍的。谁没有五彩的梦呢？鸣沙山的沙，就分红、黄、绿、白、黑五色。每一种色彩的沙，都该会有自己浪漫的梦。对鸣沙山的鸣唱，你可以说是沙子干热、凶狠欲扑的呐喊，也可以说是五色迷离的浪漫小夜曲。在泉周围的高处，这些虚幻的梦，缥缈的梦，难道就不具诱惑？是诱惑，就必然会构成对生命的威胁。

置身如此的生存环境，月牙泉纵使再有理想——

❶ "300米" "50余米"两个数据，具体说明了月牙泉水域的大小，证明这片水域确实不大，突出了文章语言的准确性。

❷ "仅仅"是"只"的意思，这里表示强调，突出了只靠白杨、馆阁楼台、绿树草地、铁栅和水中的鱼不可能挡住流沙的侵袭，引起了读者的注意，提醒人们要为保护月牙泉行动起来。

任何思清、想大、向往明亮的理想——都只能以保障生存为前提。如此的理想，能不沉重吗？能够实现吗？

岁月总是在风沙里流逝。月牙泉之所以春夏秋冬一直清亮不竭，在于有流泉自下而上汩汩地不竭补充。①地质学家经过实地考察，认为月牙泉其实是古党河的一段河道。若干万年前，古党河改道从鸣沙山南麓西流，月牙泉作为一段残河，竟幸运地保留了下来。由于地下潜流仍在，泉眼仍在，所以至今仍有泉水上涌。月牙泉依然是沙漠奇观，依然是造化的神来之笔。

**① 用科学考察的结果来交代月牙泉的来历，具有说服力，且使读者对月牙泉的来龙去脉有了更清晰的认识。**

## 3

月牙泉纵然再小，但只要依然在汪，就客观地构成了与鸣沙山非同寻常的对峙。

②这是真实与传奇的对峙；现实与浪漫的对峙；加号与减号的对峙。主动的看不见的干风和可感触的轻飘的流沙合谋，与柔软、温静、孤立、弱小、被动的泉水的对峙。是风沙在高处，泉水在低处的对峙。是貌似和平共处而且歌舞升平，实则机关横生、陷阱依旧的对峙；是细水微澜与流火干渴的对峙；是荒漠与绿洲的对峙；是缥缈、虚幻与现实、沉重的对峙；是生命与死亡的对峙。只要是对峙，就构成了一种无法排解的矛盾，就是一种貌似中庸的平衡，就是一种蕴藏的黑色危险。

**② 连续使用三个"……与……的对峙"的句式，形成排比，增强了气势和感染力，突出了月牙泉与沙漠对峙，创造出沙漠奇观，但面积不断缩小的现实情况。**

倘若风沙或者流沙更强更大些呢？倘若不测的风云更多更低些呢？③月牙泉啊，你还能江山依旧吗？

**③ 采用第二人称与月牙泉直接对话，突出了"我"对月牙泉未来的担忧之情。**

清晨，我下到了鸣沙山下，自泉之东北朝月牙泉走去，在离月牙泉不足 200 米时，就能明显地感到一阵阵力可扬起衣袂的风。敦煌人说，风总是以月牙泉为中心，沿坡面向鸣沙山坡顶吹去，风沙永远也无法吹入月牙泉。查阅《美丽的敦煌》，我发现书上已有 ① "沙不填泉，泉不枯竭"的科学解释："本地常刮西北风和东风。大风带着黄沙进入风口后，在特殊地形地貌的制约下，又分成三股不同方向的风流，沿月牙泉周围的山坡作离心上旋运动，把挟带的流沙刮到山顶，抛向山峰另一侧。于是，大风挟带的流沙和月牙泉周围山坡上滑下的沙子，总能被风送到四面的沙山背上"。

这真可谓是一种巧合，一种偶然，一种包蕴了隐痛甚至教人潸然泪下的幸运了。

而这种境况，还能继续下去吗？能永远存在吗？

我想，只要鸣沙山仍在，大风仍在，人还在，月牙泉就前途未卜……

❶ 引用《美丽的敦煌》中关于月牙泉风向的解说，为读者解答了月牙泉能够在沙漠环绕的情况下保存下来的科学原因，起到了释疑的作用。

## 延伸思考

**1. 这是一篇典型的科学小品文，鉴赏下列句子，品味文章语言特色。**

（1）敦煌乃苦旱之地，年降雨量只有 39.9 毫米，年蒸发量竟高达 2400 毫米，仿佛是一窝幼鸟，朝上苍使劲地天天嘶喊着，张着求喝的嘴。

_____

_____

（2）月牙泉是本该得到无尽呵护的。如同嫦娥弯弯秀眼一般的泉，是难容半粒沙子的，但是，环月牙泉皆沙山也，皆是长腿的、会流善动的沙山也。

_____

_____

**2. 仔细品读文章，找出月牙泉"清亮不竭"的原因。**

_____

_____

**3. 作者对月牙泉的担忧，给你带来了什么启示？简要说说。**

_____

_____

# 真实而迷幻的蒲公英

名师导读

　　文章按照从整体到局部的顺序来写。先写蒲公英的叶子、茎叶和根部等，体现了蒲公英的外形特点；接着揭示蒲公英丰富的精神内涵和代表的哲学思想；然后重点写了蒲公英无性繁殖和种子乘风传播的奇幻色彩；最后介绍蒲公英的实用价值。文章思路清晰，作者用科学准确又不缺乏真情的文字来描写蒲公英，表达了自己对蒲公英的赞赏和对其生存环境感到担忧的情感。

　　蒲公英已然将使命幻化成飞扬的精神，是自然（植物）与精神融合的植物……

——题记

## 1

　　①蒲公英的生活，颇不容易，何也？被背负人类

❶ 开篇写蒲公英"被背负人类情感，还赋予自己使命"，表达了作者对蒲公英的赞美之情，为文章奠定了感情基调。

情感，还赋予自己使命，对蒲公英的认识远离人类中心主义，之于我[1]，还是晚近的事情。

童年的故乡，在田间，在山地，为采兔子草我经常寻觅蒲公英，我们这些小伙伴都叫蒲公英为"鸡肉草儿"（我至今不明白何以这样叫）。我领三四岁的儿子拔蒲公英喂兔子，仍称鸡肉草儿。某日偶然得知你[2]竟然就是蒲公英时，真是既惊又喜，感慨良深，还吟咏了几句：

**❶** 引用小时候的歌谣来体现"我"与蒲公英的不解之缘，为下文抒情作铺垫。

① 找了许久我才知道，
蒲公英——原就是你！
我曾在你身边常常走过，
竟一直叫你鸡肉草儿……

源自童年的蒲公英情结，使我在 20 世纪末，已有幸在《美文》杂志发表写蒲公英的短文，以辞典式斑斓笔法，但觉得仍写得不过瘾；近年我又在写蒲公英，可开笔后笔墨却难于为继，② 何故？我已意识到蒲公英的内涵太深奥、太复杂。

**❷** 设问手法的运用，引起读者注意，强调了"蒲公英的内涵太深奥，太复杂"的情况，加深了读者印象，同时也起到了引出下文的作用。

我当时刚读到普里什文这段话："这种情况，什么也不用想，提笔就写，比如，写一只松鼠爬过原始森林，如实记录，与自己的内心活动全无关系，记下来一看，竟然也很好。在这方面要反复练习，因为在我看来这不是自然主义，而是某种复杂的单纯。"（普里什文:《复杂的单纯》）我想这种境界，真是望尘莫及……近日我

[1] 文中的"我"指作者。
[2] 此处"你"指蒲公英。

还悟得，要写好蒲公英，须将自己（人）与蒲公英（自然）的关系理通理顺，可我一直未搞通顺——这非小事！依我看，但凡自然写作，在作家笔下，人与自然的关系如在思想上未能建立起与自然至少是接近和美的关系，作者的姿态就不可能放低，文字，是断然无法上升到应有的生态高度的，当然无法写得满意，唯一的做法，就是：放下。① 其实人活着的不易和蒲公英的不易还是相似——都要承受生态法则或明或暗的制约……我这一类想法并不高深，还不悲悯，但却教我的心头之"瘿"，开始消散……

❶ 运用类比的修辞手法，指出蒲公英的第一个精神内涵——在各种制约中努力求生存，不向命运低头。

蒲公英当然不长瘿，因其不是树——瘿是什么？是树瘤。瘿木又叫影木，不专属哪一树种，它是树根部的结瘤，或树干上的囊状疤结物，是植物被病菌、昆虫、叶螨、线虫等寄生后形成的东西，也可说是机体组织受病原刺激的局部增生。将瘿木剖开，即可见树种质地不同而呈现的不同花纹，形如葡萄纹、山水纹、芝麻纹、虎皮纹等，确乎也美，却是林妹妹一样的病态美，须知长瘿即长疖，这对躯体，对精神，都是病。

"病"是走向"死"。与"死"相反，中国的山水美学，尤其传统中国画，竟一派盎然生气，张扬的，总有"生"，类生态意识强烈。中国传统哲学就是极其讲"生"的哲学，"天地之大德曰生"（《易传》）。儒家主张"仁"，由仁爱人，扩而大至爱天地万物，以仁爱将天地人一体包揽、浸染。

回看眼前这穹庐底的蒲公英，倾一生都颤摇在风里，不也在倾身心之力为"生"吗？

# 2

蒲公英的根据地并非只在中国。蒲公英的适应能力、抗逆能力，都强，也抗寒耐热，浩瀚在地球村许多地方，那中低海拔的山坡草地、路边、田野和河滩，就是蒲公英的①户口常驻地。

蒲公英可是②"伴人植物"，说起来凡有人类踪迹的地方，都可见蒲公英欣欣向荣的身影。春初，我家篱边阶下新老罅隙在长蒲公英，村野塘畔，田头地尾，蒲公英已青绿。那维也纳金色大厅附近的卡尔斯约翰内斯、勃拉伯姆斯坐像前，布拉格的列宁墙脚下，我都曾见蒲公英。我印象最深的还是在童话般的瑞士，那整齐和梦样宁静的湖岸、山麓和草甸，我都与蒲公英互相发现。有一天黄昏，是我第一次在名校苏黎世联邦工业大学校坡上邂逅蒲公英，我一时喜不自禁，竟脱口大叫："啊，蒲公英！"

③蒲公英伟岸吗？作为菊科多年生草本植物，真还谈不上伟岸，但却是大地独具个性的小棉袄，如同普林尼说过的那样，自然中最渺小的事物最卓越。

蒲公英的叶就颇得性情，总是雷打不动从根部横横贴地伸展，叶片宽厚，长 4~20 厘米，宽 1~5 厘米，绿意纷呈，温暖着大地，叶端或钝或急尖，边缘或呈波状齿、羽状深裂、倒向羽状深裂，或三角状戟形，叶柄上的主脉总泛红紫色，疏被蛛丝状的白柔毛——似热烈实安宁，还丛生成莲座，宛若鸟羽簇拥，展翅欲飞。

**❶** "户口常住地"生动形象地写出了蒲公英能够在中低海拔的山坡草地、路边、田野和河滩等地生长的情况，突出了其顽强的生命力。

**❷** "伴人植物"这一特定称谓，形象地说明蒲公英是生活在人们身边的十分常见的植物。

**❸** 蒲公英弱小的外形与独具个性形成了鲜明的对比，揭示了蒲公英的第二个精神内涵——最渺小的事物最卓越。

其茎同样颇得特色，从叶鞘抽生而出的一枝枝鲜嫩花茎，初花期嫩茎竖直，① 你以手指掐之，宛如乳汁的白色汁液就一滴滴渗透而出，你舔上一口，顿感觉含春天的微甜，略带青涩。

蒲公英是所有的茎都朝上吗？也不是，地下那长短不一的匍匐茎，茎上的芽一旦破土，一样可出落成天空下一天天深化的绿……

不知你注意到没，小黄花的颜色渐褪后，蒲公英就开始为种子准备飞行平台，花柱上，不久就出现蓬松的毛茸茸的球，这茸球状的种子集合，被长长的茎所支撑，伸向天空，这就是一朝花谢将走向远方的种子团队……② "愚者逆时而动，智者顺时而谋"，让人莫名赞叹。

令你别样感动的，是蒲公英浓密叶丛下，那扎向土壤深处的肉质的根，尤其是扎入寒冷贫瘠的根，深入 15 厘米以上。高海拔处的蒲公英，更希求有长长的粗大的根。这略呈弯曲圆锥状，大都长约一指，皱缩，表面棕褐色的根，犹同老人手指般皱缩的根，倔强的根尖部位，竟长着棕色或黄白相间的茸毛。

蒲公英也不是一根筋只埋头深入土地，也会关注平和的风气、蔚蓝的天、宜人的温度和他乡的云。

③ 如此不对命运低头、艰辛而本色的蒲公英，一直取超然姿势，以自己的悲悯和对尘世的理解，背负使命，身体力行，力促生态平衡。

幸好大自然对蒲公英，一直是那么公允、公平。

幸好，大自然一直是公允、公平多于美好。

❶ 从视觉和味觉角度写蒲公英汁液的特点，细腻的描述，增强了文章的真实性。

❷ 引用"愚者逆时而动，智者顺时而谋"来阐释蒲公英等待时机飞行，播撒种子的现象，表达了作者对蒲公英"顺时而谋"的赞叹之情。

❸ 直接阐述，揭示蒲公英第三个精神内涵——以自己的悲悯和对尘世的理解，力促生态平衡。

然而，蒲公英高贵吗？想起家藏有一本周瘦鹃著的《花语》，翻过几页即是《无名英雄蒲公英》，在周先生笔下，蒲公英不但无名，甚至是"出身太低贱了，虽也会开黄色的花，而群芳谱一类花卉图籍却并不给其一个位置，而其却不管这些……总贴地而生，这可是被称为黄花地丁，大地上钉着的有生命的身体——是大地的器官之一"。

蒲公英既然拥有如此美好的名字，更有同样响亮的诸如婆婆丁、华花郎等诸多芳号，这岂不等于在说明——<sup>①</sup>任何生灵，即便再"低贱"卑微，也仍可能广被关注，更影响不了其永远是生态链中不可断裂的一环。

**① 分析蒲公英的外号，提炼出蒲公英第四个精神内涵——任何生灵，即便再"低贱"卑微也是生态链中不可断裂的一环。**

## 3

蒲公英有种吗？蒲公英早已雄起顽强生长的尊严，飞向远方的奇幻，我不明白自己何以会提出这样的问题。

更且，蒲公英除可有性繁殖，还能无性繁殖。

蒲公英能无性繁殖，是几年前偶读绿皮书《植物记》知道的，不禁惊叹：蒲公英在尘世能安身立命，根本原因是其有办法艺术地孕育种子，而且将性的文章，艺术般幻变至极致。

不管是否与风云雨雪、与社会政治有关，我只认为，这是蒲公英在特定生存环境下的<sup>②</sup>伟大演化，包蕴着伟大的自然律！

**② "伟大演化"指"蒲公英除可有性繁殖，还能无性繁殖"，体现了蒲公英超强的环境适应性和进化能力。**

①何况，蒲公英无性繁殖的方式还多种多样。

将地里刚挖起的蒲公英根切成两三小段，置于湿纸巾上，七八天后，必见每段节根上，都长出了芽。

蒲公英也有水稻般的"分蘖"能力，一株小苗发芽后，几个月，就长成了抱团的一大丛。有些蒲公英的匍匐茎，地下活动更是旺盛，可以快速蔓延。

低海拔的蒲公英都是有性繁殖，高海拔的才主要依靠无性繁殖。气候环境如太恶劣，如花朵都无法开放，蒲公英甚至可以通过卵细胞直接发育而成种子。假如寒冷得连眷顾传粉的蜂蝶类"月下老人"也不见一羽，蒲公英就会演化出单雌花，这意味着不必授粉，种子也可以成熟。

类似蒲公英这样可不需要雄性精子就可完成的繁殖，植物学上有个专门名词，叫"不完全无配生殖"，即植物学家本哈特幽默命名的"处女生子"。我揣摩，"处女生子"必是蒲公英在无法有性繁殖时的预备方案，并不排除顶端的花朵，可异花传粉。

环顾尘世，能如此"双性繁殖"的生物并不太多，这表明蒲公英是真有适应尘世的智慧，否则焉能修成正果？

非常有意思的是，②如果细赏蒲公英的花，可见其是由众多宛如舌头的单花瓣组成，"舌状花"开放两三天，昆虫一传粉即闭合。

作为多年生宿根性植物，野生条件下初夏开花的植物，蒲公英开花的朵数，会随年岁而增多，但单株开花数都在 20 朵以上，花盘的外壳由绿而黄绿，呵护

❶ 一句话起到了承上启下的作用，"何况"承接前文蒲公英能够无性繁殖，"无性繁殖的方式还多种多样"引出了下文相关的繁殖方式。

❷ 采用摹状貌和打比方的说明方法，将蒲公英花朵的样子描摹得栩栩如生，具有极强的画面感。

❶ 用梦幻来形容蒲公英载满了成熟种子的花球，既起到了点题的作用，又突出了花球的美丽，表达了作者对蒲公英兼具两种繁殖方式的赞叹之情。

❷ "我"对蒲公英的彩色想法及情感，算不算人类中心主义"的思想和行为尺度的解说，突出了凡事都有两面性的道理，强调只有为了保护生态而进行的生态研究才是善意的，值得提倡的，意在呼吁大家保护生态平衡，不要为了满足自己的喜爱而破坏生态平衡。

种子由乳白变成褐色。蒲公英开花 13 ~ 15 天后你再细看，那日渐伸长的茎，① 宛若梦幻般撑起的黄色伞们汇聚成功的羽毛状花球上，已缀满成熟的种子，如此的羽毛状花球，迷幻似梦，半是艺术半是性，是最便于风传送基因至远方的"装置"。

若问：以上附丽的我对蒲公英的彩色想法及情感，算不算人类中心主义？

要回答这个问题，我以为需先建立一个思想和行为尺度：② 如果你认识自然，对自然物的研究、命名和精神附加，是出于欣赏、拜识和呵护，是基于良善的认识情怀，是美的、真的，那么，即便再多，也绝不可能是人类中心主义的，因为这一切源于你对自然万物的爱，犹同你研究虎踪，若是为了保护生态，护虎，那么就百分之百是善事，就该倡行；倘若你做的一切是为捕虎杀虎，是恶，则非人类中心主义莫属。

### 4

写这篇文章，绕不开的，是蒲公英何以会成为希望的象征？

或许，是因为人生在世，即便天天快乐，也仍需胸怀更美、更大的理想，抑或心有仰望、瞻望的物事，这便是所谓的希望，与内心深处想飞的冲动有关，而希望又需要个替代物，蒲公英恰好合适，所以就选中了她。

这当然与所谓的希望，多数可以成为现实有关，犹同鲁迅先生在《故乡》所写：①"希望本是无所谓有，无所谓无的。这正如地上的路，其实地上本没有路，走的人多了，也便成了路。"

不管你有意无意，希望都如蒲公英。从植物学看，蒲公英被选作希望的象征，起决定意义的，主要在于其种子——迷幻传承着生命的传奇，"非同寻常"。

这并不奇怪，奇怪的是人类对种子的理解和认识，还远未达到应有的高度，更别说普罗大众会对种子怀有信仰了。先知梭罗在《种子的信仰》里是说过他对种子心怀信仰的。对蒲公英的种子，你认识不到位，能产生信仰吗？这犹同你并不认识这个人，你就能与之相思相爱吗？即便蒲公英种子的迷幻降落伞，天天在你头顶的空气层里飞，飞出了精神，飞出了生态……

何况任何美好的希望，都拖曳长长的影子。

②我在甩袖无边的大荒原，收到来自布拉格的明信片；

我踌躇很久没有给你回信——不相信蒲公英会飘到你身边。

——艾青《致亡友丹娜之灵》

蒲公英作为喜欢植根湿润、疏松、有机质含量高土壤的植物，多年生宿根性野生植物，③尽管种子的千粒重，才约2克，虽轻至可以忽略，但也仍占飞行的重量，要飞离故土，漂泊传播，何其容易……

蒲公英的种子，这寄寓着生命密码的种子，蒲公

① 引用鲁迅在《故乡》中关于"路"的描写来说明"习惯成自然"的道理，生动形象地说明大家都认为蒲公英象征着希望，所以蒲公英就成了希望的代名词的情况。

② 引用艾青《致亡友丹娜之灵》中的诗句体现了蒲公英能够飞离故土，漂泊传播的不容易，甚至令人质疑，更反衬出了蒲公英种子传播的神奇。

③ 1000粒蒲公英的种子只有约2克，准确地说明了蒲公英种子轻盈的特点，而这也是种子能够跟随花盘乘风而飞的重要条件。

187

英一生都围着转的坚忍的种子，甚至能承受零下 40 摄氏度严寒的种子，一随风飞扬，长茎擎着的"花盘"即转入枯萎……蒲公英对此在意吗？没有，依然果决地将一代代的生命托付给最不可捉摸的风……

我是一颗蒲公英的种子，谁也不知道我的快乐和悲伤

爸爸妈妈给我一把小伞，让我在广阔的天地间飞翔、飞翔……

——电影《巴山夜雨》插曲

你知道，蒲公英种子飞向远方，是恃有神幻的"绝招"。

你看，每一粒蒲公英种子起飞前，均吊生于"伞"杆的下端，一粒粒粘"插"在花盘上，似疏松的绒球。"伞"顶便是呈放射状的 ① 90~110 根冠毛构成的伞状毛束。冠毛的前身是一根根细长的花丝。感谢冠毛，能使种子便于调整着陆姿势，利于种子竖立着地，果脐得以扎入潮湿的土地，方便发芽。饶有意思的是，"冠毛"一词即是古希腊语"祖父"，是其像祖父的胡须吧，其实也像自行车轮上的辐条，更如降落伞，可以一任似耍魔术一般幻变出令科学界惊叹的飞行机制——

原来，每根冠毛间的间距大小都相同，雷同，精准得很，风吹"伞"飞，穿过伞状毛束的气流因为彼此摩擦，"伞"内的气流会比"伞"外略小，也稍慢，这样就使"伞"内外出现了气压差，形成了稳定而奇

① "90~110 根"用具体数字突出了蒲公英花球上冠毛又多又密集的特点，体现了文章语言的准确性。

特的——"分离涡环",犹同你故乡河里的漩涡,可这"旋涡"竟会一直稳定地旋转飘飞在"伞"的上方,并且奇异地总与"伞"顶保持一小段距离,如未点破窗户纸的恋人般若即若离。正是"伞"之上这"旋涡"对空气和种子有着吸曳作用,所以就赋予了种子一股稳定上升的力,也能让种子降落伞减缓下降速度。

① 这真应了生态法则——自然界所懂得的是最好的。

蒲公英如此奇幻的飞行奥秘,由英国爱丁堡大学的研究人员发现,他们在垂直风洞中做实验,以高速成像技术"捕捉"到了蒲公英种子神秘飞行的"面目",研究成果还刊登在国际权威名刊《自然》杂志上。

② 倘若空气温湿,风速适当,蒲公英的种子甚至可以御风飞行至几百公里以外。

造化如此神奇,世间谁人可及?风洞实验还证明:构成蒲公英"伞"的冠毛,唯有在 90~110 根之间,"伞"顶才能出现"旋涡",冠毛多了少了,都不行!

## 5

写到这里,我突然想起生态时代人类一直讳莫如深的问题:是杀生,还是让生灵自在生长?这无疑已让人类无法回避,须求实面对。想想,人类可能一丁点儿动植物都不食吗?更不可能一点也不违背丛林法——认识问题的钥匙在哪里?我想杜撰个新词"生态索取度"以认识。

③ "生态索取度",是人类施于自然的"人工度",

**❶** 这句话的意思是自然界有自己的运行规律,作为人类要懂得尊重自然生态法则,不要随意干涉,更不要去破坏。

**❷** 根据这句话可以提炼出影响蒲公英种子飞行距离的因素有空气湿度、温度和风速。

**❸** 对"生态索取度"的概念进行解说,便于读者理解,同时强调了人们对自然界进行索取时,必须维持这个物种的传续所需,否则就是破坏生态平衡,是不可取的。

如果人类是仅以维持自己这个物种的传续所需，对自然只有最低的"生态索取度"，尽管"生态物质伤害"和"生态精神伤害"仍有，我也认为这是正常、正当的，不违背生态法则，符合天地恕道和包容精神。

① 基于如此的标尺，那么，世人要适量收割蒲公英也未尝不可，并不影响生态平衡；用镰刀或小刀挑割，沿地表 1~2 厘米处平行下刀，割取心叶以外的叶片，当然也可一次性整株割取，让根部流出乳一般的白浆。

种子也可采摘，何时采摘最好？当花盘外壳由绿而黄绿，种子由乳白色至褐色时最佳。花盘开裂时采摘种子，易散落。

或许许多人并不知道蒲公英是野菜。早春向阳的水渠边，蒲公英叶儿嫩绿，你用手掐住叶柄根部将之轻轻拔出，以溪水洗去泥土，删除根须，入篮，拎回家丢入滚水焯一遭，去苦味，拌盐，浇上酱油，还可滴几滴芝麻油，就做成了一款特别的野菜。

多年前的那个夏日，我和妻在瑞士乡野间散步，一时邂逅蒲公英，很是惊喜，遂采嫩绿回家，洗净，切得细碎，做了一碟蒲公英炒鸡蛋，嚼起来略有苦涩，犹带韧性，口感新鲜，内容实在。

我搞不清欧洲人何以叫蒲公英"狮子牙齿"，据说英国人专摘其黄色小花，要做鲜花煎饼，还有人取其嫩叶做沙拉，据说还是很健康的沙拉。② 蒲公英的根在"二战"时，还充当过咖啡替代品。

须知，在我们中国人眼里，蒲公英更多还是中药，斑斓的中药，③ 是中药材八大金刚之一。

❶ "如此的标尺"指的就是"生态索取度"，即人们对自然界进行索取时，必须维持这个物种的传续所需。

❷ "蒲公英代替咖啡"说明蒲公英具有提神醒脑的功效。

❸ "中药材八大金刚之一"突出了蒲公英极高的医药价值，令人印象深刻。

①《本草纲目》里载蒲公英有清热解毒、利尿散结功效,现代医学研究发现蒲公英所含的维生素、亚油酸,枝叶中富含各种氨基酸和微量元素,能消肿、利尿。《医林纂要》也说其可散结和利尿,可清热解毒,还可治急性乳腺炎、淋巴腺炎、瘰疬、疔毒疮肿、急性结膜炎、急性支气管炎和胃炎。给实验小白兔子灌服蒲公英煎剂 3 天后,解剖,可发现其肝细胞及肾小管皮细胞已显轻度浊肿,肾小管开始变窄。

我无缘学中医,然凭直觉却觉得中药与中国哲学其实颇为相通,蒲公英不颇具精神性吗?②其种子的飞扬,本质是"漂远",真实含散发之风,至于药效的散结、消炎和去肿,不一样在指示张合、敛散之象吗?

蒲公英委实是精神药也,甚至还是略带苦涩的爱情药!

曾听过一个故事,说一大户人家的独女叫朝阳,芳龄十七仍未找到心仪郎君,那天朝阳带贴身丫鬟上街游玩,有缘邂逅一英俊采药郎,没承想相互倾心,相视一笑,从此芳心即被俘走。

朝阳几费周折,探悉得采药郎叫蒲公,饱读诗书,由于父母早逝,家境贫寒,遂以采药为生,他识得春风面后,一样情怀结不开,一样日思夜想见朝阳,却又心存自卑。

还是朝阳禀告了父母这段情事,但遭到强烈反对,然终究拗不过女儿,唯有勉强应允婚事,然而俩人成亲之后,父母仍对蒲公心存歧视,小两口只好浪迹天涯,在小山村落脚,以瓦窑为家。

**❶** 引用《本草纲目》和《医林纂要》中关于蒲公英功效的解说,有力地证明了蒲公英的医药价值,体现了文章语言的准确性。

**❷** 从中药的角度分析,揭示了蒲公英象征"张合、敛散"的哲学辩证思想,使文章更具深度。

瓦窑前的小溪畔，原来竟长满了幽蓝色的蒲公英。朝阳诞下女儿兰若那天，蒲公英的花竟开得烂漫而美丽。

可是，突然的时局荡乱，蒲公被迫从军，竟一去十八年！

当战功卓著、官至大将军的蒲公回到家夫妻团圆时，朝阳却因喜悦激动突生大疾，弥留之际对蒲公说："好好照顾兰若。记得小溪边的野花吗？你带它们去前线吧，它们可当菜，也能疗伤，你想我的时候，就会飞到你们身边……"

说罢，朝阳便如蒲公英飘逝入远空。蒲公只好带上兰若，也带着蒲公英种子离别瓦窑，从此，他无论行军打仗到哪里，都会将蒲公英种子播撒到哪里……

说来也巧，前几天我逛小区附近的超市，竟发现在摆卖蒲公英茶，这让我既惊喜又诧异，这离不开风的植物，原来①竟也是茶啊……

回家后网查，发现自己真是孤陋寡闻，蒲公英在地球村早已广受关注，"身价暴涨"，美国、日本的研究认为蒲公英的营养价值之高在自然界真是极为罕见，其富含微量元素，尤其重要的是含有大量的铁、钙等人体所需的矿物质，其钙的含量为番石榴的 2.2 倍、刺梨的 3.2 倍，铁的含量为刺梨的 4 倍、山楂的 3.5 倍。蒲公英食品已开始风行于美、日。现代医学研究更表明，蒲公英还有抗病毒、抗感染、抗肿瘤之"作为"。

何以如此卑微的植物对世人竟可辐射如此强盛之影响力，这一现象的背后，莫不是存在类似巫术相似

❶ "竟"表示出乎意料，当"我"知道蒲公英还可以作为茶叶时感到既惊讶又惊喜，说明蒲公英的价值远远超出了"我"的想象。

律的关联？而已经风起的对蒲公英的"关注"，是否将给蒲公英带来无上限的 ① "生态索取度"，成为前所未有的灾难？

这就是当今尘世的蒲公英，是天地间蒲公英的新境遇，不同凡俗、肩负使命的蒲公英，已被赋予沉重人生况味的蒲公英，未来的命运将变得如何？你认为她会快乐吗？在这人的世界，你将飞扬漂泊至何方？……

❶ 作者在文中反复提到"生态索取度"等概念，含蓄地表达了作者为蒲公英生存情况感到担忧的心情，起到了引起读者注意和情感共鸣的作用。

## 延伸思考

1. 谈谈你对"真实而迷幻的蒲公英"这一标题的理解。

_____

_____

2. 作者在写蒲公英外形特点时，用了哪些说明方法，试举一例加以分析。

_____

_____

3. 文章写了蒲公英丰富的精神内涵或哲学思想，试找出三处，并且谈谈你的启示。

_____

_____

# ★参考答案★

## 第一辑　自然笔记

### 【根——胡杨的生命支柱】

1.（3分）a.③ b.④ c.（根）生幼苗随水走（1分），在沙海中顽强地生存（1分）。

**解析**：本题以填空的方式考查的是学生梳理文章和概括段落大意的能力。这种题的突破口是利用已知的文字信息来定位搜索答案的范围。比如，第一个框给的是"引出说明对象'胡杨的根'（①）"，这个其实相当于例子，告诉我们下面对应的框要填主要内容和对应的段落；而已经给出的自然段有①②⑥，也就是说a、b的答案搜索范围锁定在了③④⑤，接下来分别看看这三个自然段的内容是在讲"功能和种类"，还是"根的作用"，就能轻松划分层次。同理，要填出c，就要充分利用上下已经给出的文字，锁定搜索答案的范围。题中"吸输水分养料，撑起一片生命的绿"在第④段，而"拥有强大根系，让胡杨笔直向着高处。"在第⑥自然段，所以答案要去第⑤自然段寻找。通过品读，即可得到"（根）生幼苗随水走，在沙海中顽强地生存"这一答案。

2.（2分）"总体而言"是大致说来的意思，这里表示限定，生动形象地说明大部分植物的根是长期适应陆地生活而向下生长，但也有少数不是这样的这一情况，体现了说明文语言的准确性和严谨性。

根，从总体而言，是植物长期适应陆上生活进化而形成的向下生长的器官。

**解析：** 此题考查的是说明文的词语赏析，在说明文字词语赏析分为四步：①解释词语意思；②这里表示强调／推测／估计／限定范围（或程度）……③生动形象地说明了……④体现了说明文语言的生动性／准确性／严谨性／趣味性。因此，根据答题思路可得出"总体而言"是大致说来的意思，这里表示限定，生动形象地说明大部分植物的根是长期适应陆地生活而向下生长，但也有少数不是这样的这一情况，体现了说明文语言的准确性和严谨性。

3.（3分）不能调换（1分）。因为第⑤段和第④段内容紧密相关，都和"吸输水分、贮藏养分"有关，第⑥段介绍根"固着主干"的作用（1分），这两个自然段顺序和第②段关于根的"生命职能"的顺序相照应（1分）。

**解析：** 此题是常见的说明文考试题目，主要考查学生对文章条理和顺序的梳理能力。通常情况下，问能不能换顺序，答案都是不能换。常见的原因有：①这是按照什么顺序写的，体现怎样的关系或变化；②这与前文哪个地方是一一对应的关系。因此，解答此题，第一步要回答不能调换，然后根据文章具体内容来看。第④段和第⑤段在讲根"吸输水分、贮藏养分"的作用，第⑥段在讲根"固着主干"的作用，是按照从主要到次要的逻辑顺序写的，另外第②段中恰好提到了"根以吸输水分、贮藏养分和固着主干，作为自己的'生命职能'。"正好是一一对应的关系，所以不能调换。

4.（3分）运用了打比方的说明方法（或使用比喻的手法）（1分），把"拥有强大根系的胡杨"比作"气宇轩昂的八尺男儿"，生动形象地说明胡杨的根"固着主干"的作用（1分），体现了说明文语言的生动性。(1分)(或从比喻角度回答也可。只答胡杨根的作用此处不得分)。

**解析：**此题考查说明文语言的表达效果。针对这类题，首先看这句话是否用了什么说明方法或者修辞手法，然后结合具体的说明方法或修辞手法的答题思路进行解答。如果没有用说明方法或者修辞手法，就从词语的角度进行分析。"拥有强大根系的胡杨，一棵棵都是气宇轩昂的八尺男儿。"这句话很明显用了打比方的说明方法，因此按照打比方的答题思路作答即可。

**参考思路：**运用了打比方的说明方法，把什么比作什么，生动形象地说明了什么，体现了说明文语言的生动性。

5.（2分）D

**解析：**第⑥段写到"胡杨泪"是胡杨受到的来自人类的"飞来横祸"，只要人类不去伤害胡杨，生长的胡杨就不会轻易流泪，从侧面突出胡杨根的坚强和对树干的稳固作用。所以D项的理解是错误的。

### 【思念情结与巴山夜雨】

1.示例：《夜雨寄北》之奇，奇在纸上风景"巴山夜雨"竟淋漓浙沥重复两次。

作用：说明诗人情不自禁地反复咏叹"巴山夜雨"，为下文提出巴山夜雨多的气象使生活在这里的李商隐受到了影响，让雨存在了诗人的潜意识里，因此在写诗时忍不住反复咏叹，进而证明了这首诗具有理性内容的观点。

2.示例：科学美体现在作者运用了很多科学术语来解说相关概念或气象问题，比如采用科学化的语言来解说"情结"，增强了文章的科学知识性，使读者从理性上了解了情结的定义；再如，直接引用《气象》一书中关于巴山夜云形成的原因，增强了文章的科学性和说服力。

文学美体现在对诗歌内容、修辞和语言的分析方面，以及作者在行文时采用了比喻、引用、对比等修辞手法，增强了文章的文学性。例如，"天穹下那一起一伏的巴山，恰如牛群静卧，黝黑腴润，似重云，而且蕴满凄迷夜雨。"采用比喻的修辞，将巴山比作静卧的牛群，突出了巴山黝黑、静谧的特色，非常生动形象。

3.三种猜测：一是所怀之人当时在巴山；二是诗人曾与之在巴山共同生活；三是诗人写诗时正"独听巴山夜雨"。

作者更偏向于第三种猜测，因为文章紧接着引用了李庆皋、王桂兰所著《李商隐全传》中相关内容证明诗人的确曾有巴山的"生活经验和情感体验"进而论证了第三种猜测。

## 【以独家风格凸现艺术感受】

1.（1）与艺术家的先天秉赋有关；（2）与艺术家的个人追求有关；（3）与艺术家后天的学习和艺术实践相关。

2.（1）一秆秆、一只只、黑沉沉、黑压压、凄冷冷、沉郁郁等叠词增强了文章的节奏感和音乐美，同时也使描写的内容更具画面感。

（2）运用顶真的修辞手法，使句子结构整齐，语气贯通，突出"暗示""联想""艺术""品头"之间环环相扣的联系，达到引人入胜的效果。

3.林风眠"中国中西融合"绘画道路的开创者，主张"学术自由"，其人物事物画以"中"为主，重视墨线的变化，山水画以"西"为主，重视色彩的明暗变化。图中的鸭子笔法简洁有力，以墨线为主，且象征了自由的思想，因此作者说这只鸭子更能体现林风眠的绘画风格。

## 【自然笔记】

1. 因为宇航员在太空遥望地球时，见到的是蓝色的地球，所以称地球为"蓝地球"。笼罩地球奇特的蓝是波长较短的紫、蓝、靛等色光和空气中的尘埃、冰晶、水滴等微型物质发生了散射和漫射形成的蓝色。

2. 示例：人类对森林乱砍滥伐，造成了沙尘暴，使地球黄色越来越多；工业污水的大量排放，污染江河，使地球黑色越来越多；塑料垃圾的堆放，使地球白色越来越多。

3.（1）两个"蓝"字的含义不同，第一个"蓝"是蓝色的意思；第二个"蓝"是人们心胸宽广，懂得彼此包容，具有博爱之心，体现了文章语言的哲理性特点。

（2）运用象征的手法，表面上写晨昏线交割下光明与黑暗并不是各占一半，而是相互交错的情况，实际上喻指人类的正义与邪恶较量也不是绝对的平分，而是相互交错，正义之下也会隐藏邪恶，所谓邪恶也可能转换为正义，体现了文章语言的文学性和哲理性特点。

## 【啊，阳光】

1. 连续用三个 AABB 式的词语开篇，增强了文章的节奏感和音韵美，将阳光普照大地时的光亮、白芒和盛大样子描写得非常生动形象，自然引出文章的写作对象"阳光"，为下文的阐述和抒情作铺垫。

2.（1）运用列数字的说明方法，用具体数字来说明阳光波长范围，增强了文章的科学性，体现了语言的准确性。

（2）"会思想的芦苇"是源自帕斯卡尔的文章《人是会思想的芦苇》，人之所以伟大是因为人能够认识自己的卑微，并为自己的渺小感到可悲，同时又不屈服于命运。因此这两句所表达的含义是阳光让人类认识到了自己的渺小和无知，但同时又会用自己的方式去展现自己的价值，非常具有哲理性，令人深思。

3. 这句话充满了哲理性，揭示了人活着就离不开阳光的道理，突出了阳光对人类的生存和生活都具有重要的作用。比如，人想要生存就需要食物，而农作物的生长离不开阳光的光合作用，所以人类的生存也离不开阳光。

## 【恬　湖】

1. "恬湖"即挂念湖的意思，以此为标题，表达了作者对湖泊的喜爱、赞美、怀念之情。

2. （1）"宿命"是指早已注定的命运，这里写湖早已注定是寂寞的，突出了湖寂静的特点，反衬出下文人类打破湖泊宁静规律的行为是错误的。

（2）"作对"是故意刁难的意思，这里写有人故意刁难湖，生动形象地写出了人为填湖行为的过分，表达了作者对此行为的愤怒和批判心情。

3. 示例："当然，湖，并不知道自己从何而来。湖没感觉，却有灵性；不言不语，却镜映天地。"

这句话运用了象征的手法，写"湖不言不语，却镜映天地"象征着默默无闻、胸怀宽广的人。有时候人也应该像湖泊一样，懂得保持沉默，懂得心胸宽广，少一些争吵，多一些包容，才能让自己和身边的人都保持愉悦的心情。

## 【红灯笼】

1. "我"在异国他乡看到红灯笼，就会想起祖国和家乡，红灯笼寄托了"我"的思乡之情，所以"我倍感亲切"；与此同时，红灯笼作为中国文化的一个符号，代表着中国文化，走向世界，作为一个中国人，"我"为自己的祖国感到自豪，体现了"我"的家国情怀。

2.（1）红灯笼是美好节日不可或缺的装饰品，能够营造热闹欢乐的氛围；（2）红灯笼不但美丽，还体现出精湛的工艺和精益求精的工匠精神；（3）红灯笼呈现的一派灯火亮丽辉煌，代表着人丁兴旺、祥和热闹的意象；（4）灯笼中空为虚，整体却实，蕴含着深厚的哲理；（5）红灯笼成为中华民族寓意独特的喜庆符号，红灯笼点亮中国元素；（6）凡是有红灯笼明亮的地方，可爱的祖国，都必将会拥抱到自己亲爱而伟大的儿女。

3. 运用设问的手法，自问自答，强调了孔明灯可以飘上天的特性和代表着和平年代喜庆的寓意，能够给读者留下更为深刻的印象。


# 第二辑　奇趣生灵

## 【中国红为什么这么红】

1. 作比较　鲜明有力地突出了中国红是最适合喜庆的颜色

2. "依次"是按顺序的意思，表明人眼在观察事物的时候，是有顺序的。如果删去就变得无序了，不符合客观实际，所以不能删去。

3.D

4.（1）结婚时贴红"囍"字（2）受表彰时戴大红花

5.（1）中国红为什么这么红（2）科学画报（3）（物理学原理）光学（4）红色说明能明显引起动物视神经细胞的扩展反应。（5）色彩是人类认知外部世界的第一媒介。（6）中国红是中国人聪明的选择而形成的集体心理定式。

## 【鸟　巢】

1. 不能，因为"几乎"是差不多的意思，这里限定了范围，即绝大多数编织巢都是雀形目鸟类所造，但并不是全部，如果删掉就太绝对了，不能体现文章语言的准确性和严谨性。

2. （1）鸟儿筑巢，是实用主义至上的；（2）鸟巢，依靠外力而被高高擎起，是力量与柔软的结合；（3）鸟巢与自然万物在悠久的农业社会里总趋于和谐或者基本和谐；（4）鸟巢空出了哲学与艺术的意蕴；（5）鸟巢含蓄的椭圆外形，还总趋"圆点哲学"。

3. 北京"鸟巢"是人类根据自然界的鸟巢形状、结构设计和建造的，其形态美和坚固性说明鸟儿建巢技艺的高超，体现了鸟类的神奇伟大令人感叹，同时也说明人类经过鸟类的启发，科技不断进步，而科技进步的同时人类又反过来侵占、掠夺鸟类的家园，这就是"鸠占鹊巢"的行为，表达了作者呼吁人类保护鸟类，维持生态平衡的心声。

## 【蝴　蝶】

1. （1）蝴蝶之美，我以为是一种华贵美。

（2）蝴蝶，经常飞入浪漫艺术的花园。

（3）斑斓的蝴蝶，达到了大混大沌的哲学人生"物化"境界。

（4）蝴蝶，既属于艺术又属于哲学。浪漫与抽象，是那么和谐地统一于蝴蝶。

2. 所谓"蝴蝶现象"就是美丑合一的矛盾，一个事物既有美丽的一面，又有丑陋的一面。例如：玫瑰美丽却带刺，会让人受伤；曼陀罗花娇艳美丽却代表着邪恶与恐怖；毒蘑菇非常艳丽，但却可能夺人性命。

3. 作者说艺术创造需要"蝴蝶现象",即美丑合一,通过这样的矛盾来体现事物的不完美,或者两面性。在生活中,当我们去认识一个人的时候,也需要认识到"蝴蝶现象"的存在,懂得人无完人的道理,美丽的人不一定是真正善良的人,而丑陋的人也不一定都是恶人,一定要理性地去分析一个人,不要被表面所迷惑。

### 【名叫巧克力的贵宾犬】

1. 运用分类别和列数字的说明方法,先交代贵宾犬的主要类型,再用具体的数据来展现"巧克力"的体形大小,内容清晰,有条理,便于读者更为直观地了解"巧克力"属于哪一类贵宾犬。

2. 答:第一,"巧克力"是雄性,所以第一主人必须是女性;第二,通过一段时间的相处,获得"巧克力"绝对的信任;第三,要对"巧克力"细心呵护,付出深长的宠爱。

3. 答:对"巧克力"的动作和神态进行描写,写出了其既因亭亭回来而激动、喜悦的心情,又体现了"巧克力"顾及大姨感受,对大姨充满了感恩的样子,再次突出"巧克力"聪明,有灵性,对主人充满依恋和感恩的特点,表达了作者对其的喜爱之情,因此起到了总结全文,抒发情感的作用。

### 【湄南河的神仙鱼】

1. 示例:这神仙鱼呈现出如许佛性:祥和、平和、神秘、自如、自适、和善、超然,有吃即吃,宛如神仙,似泥鳅在湿泥中自在滑行,是非常自在地就在水里滑行……

2. 从听觉和视觉的角度描写神仙鱼群突然出现的场景,"泼剌剌的水响"和"如风吹草低后的牛羊"的比喻,生动形象地突出了鱼群出现时"我"惊喜、激动的心情。

3.示例:神仙鱼对于泰国人而言,就如同中国人眼中的黄河长江一般的母亲河中水的精灵,采用类比的手法,突出了泰国人对神仙鱼的喜爱、呵护和敬畏之情,而"湄南河的善之表现"体现在神仙鱼是在民间免除宰杀的鱼,鱼的佛性激发了人们的善心。这句话为文章最后表达人们只有尊重和敬畏自然才能达到人与自然和谐发展的美好境界的观点作铺垫。

## 【鼠】

1.(1)老鼠十分狡猾,遇到人们灭鼠,能够绝食七天;(2)老鼠具有良好的听觉和厉害的胡须,遇紧急情况,准比谁都溜得快;(3)老鼠的尾巴有利于平衡和偷油,能帮助老鼠悄悄收取食物。(4)老鼠的繁殖能力惊人,能够在短时间内大量繁殖。

2.(1)偷盗食物(2)啃咬家私(3)可能传染鼠疫,危害人类健康,甚至生命。

3.示例:作者以对外国小说《人鼠之间》的感悟来结尾,"原来人与鼠也是能够'并列'的"揭露了人类社会中也存在着如同老鼠一般狡诈、贪婪、可憎的人,而"尤其是那些贪得无厌的硕鼠"则对那些利用手中职权来压榨和剥削别人的权力者的有力抨击,意在提醒人们不要做狡诈的"老鼠"尤其是"硕鼠"。可见,这句话在文章结尾起到了升华主旨的作用。

## 【萤火虫】

1.(1)在萤火虫的腹部有一个发光器;(2)发光器中含有含磷的发光质和催化酵素;(3)发光器上有一些气孔,空气进入气孔后,与发光质发生氧化作用，进而催化酵素，使化学能转化为光能。

2. "熟视无睹"的意思是因为经常看到，所以习以为常，如同没有看见一样，形容人们对某个事物毫不关心。这里写人们在繁华的都市生活久了，已经看惯了霓虹华灯，所以萤火虫所发出微弱光芒不会引起他们的关注。表达了作者忽略自然之美的遗憾之情。

3. 例：晋朝人车胤从小聪颖好学，但是家境贫寒，为了省下灯油，车胤每当夏季来临，就捕捉萤火虫来照明夜读，学识也与日俱增，最后成为知名学者。

## 第三辑　本色南瓜

### 【本色南瓜】

1. 用"挖起""植入""扎穴""点播""覆盖""搭草棚"等一系列动词，贴切地表现了祖母种南瓜的全过程，也表现了祖母对南瓜的精心呵护。

**解析**：本题考查连续动词的作用。运用连续动词答题技巧就可以轻松完成。参考思路是"用 ABCDE 等一系列动词，生动形象地写出了谁在什么情况下做什么的过程，体现或表达了……"。动词直接从画线句子里提炼，人物和做什么都很明显，主要是解析体现的是祖母怎样的心情、情感或品质，这里可以找到对南瓜的精心呵护或者非常熟悉种南瓜的技术、爱劳动等。

2. 用了拟人的修辞手法，"寂寞"使南瓜花人格化，具有灵性，生动形象地写出了南瓜花默默开放的情态，表现南瓜朴实，不事张扬，在悄无声息中孕育果实的特点。

**解析：**本题考查的是修辞手法，从"寂寞"一词，可以看出这里把南瓜花当作人来写，因此用拟人修辞手法的相关知识进行解答即可。

**参考思路：**运用了拟人的修辞手法，"××"使 A 人格化，具有灵性，生动形象地写出了 A 的……情态，体现／表达了……

3. 第一段主要交代了时令，解说了南瓜籽催芽的过程，起到了总领全文，引出下文，为下文回忆祖母种南瓜的事作铺垫。

**解析：**本题考查首段在文中的作用。解答此题需要从内容和结构两个方面来分析。先说本段的主要内容，再谈其作用。通过品读可知，第一段主要交代了时令，概括解说了南瓜籽催芽的过程。因此作用有：总领全文，引出下文，为下文回忆祖母种南瓜的事作铺垫。

4. ①性情温和、清淡，具有清甜气息。②种植方式简单，对天、地、人要求不高。③静中生长、静中开花、静中结果，不事张扬。④外形日益俊俏，愈长愈丰满敦实，色泽愈放愈金黄。⑤艰苦岁月养育苍生，富足日子食疗养生（供人改善食谱）。

**解析：**此题考查学生对事物特点的概括和提炼能力，解题思路是先快速浏览全文，找出评价性的句子，可以直接用作者对南瓜的评价，再看描述南瓜的句子，提炼出具有什么特色功能，最后概括出南瓜的特色和功用。值得强调的是"分条概括"四个字非常重要，答案一定要标记序号，体现"条理"。

5. "本色"即清淡。对南瓜清淡本色的回味，是对已逝去的艰苦生活的感怀；南瓜代表了艰苦朴素的精神和不忘根本的精神，这种精神是今天和将来都不可缺少的。

**解析：**此题包含两个问题，第一个问题是关于"南瓜的本色"是什么，第二个问题是联系现实意义谈对"本色"的理解，即要挖掘深层含义，通常为精神、品质、情感层面的。浏览全文，很快可以锁定答案的搜索范围在第⑨段。仔细品读"今天吃南瓜，我还时常想到'本色'两字。想到自己现在虽栖居繁华的大都市，但本质上还是从山野走出来的，是山野的儿子，不能忘记苦难的过去，不能淡忘清淡的本色。——南瓜的本色是什么？我以为就是清淡吧。"这几句话就可以找到答案。

## 【澳门莲花地】

1.（1）澳门的地理形貌恰似"莲花地"；

（2）澳门许多街巷地名，都缀"莲"字；

（3）澳门有很多莲花池或莲花湿地；

（4）澳门回归祖国后，每年六月都要举行荷花节。

2.（1）莲花象征了澳门大包容之心和中葡文化兼容并包的特色；

（2）"莲"在澳门是和平共处精神的象征；

（3）"莲"见证和代表了葡人被中国文化所教化的过程；

（4）"莲"代表着大自然，代表着静美、祥和与兴盛和澳门人对物质、精神的双重呵护；

（5）"莲"代表着人与自然的和谐相处，也代表着全人类的团结合作，共同发展。

3.（1）示例："屈辱"是委屈和耻辱的意思，而"包容"本义为宽容大度地接纳，这里写澳门屈辱"包容"马港，是因为马港曾是葡萄牙人对澳门的称呼，代表了澳门被殖民者侵略的屈辱历史，澳门人并没有将马港除名，而是宽容地保留"马港"，让大家铭记这段历史，以奋发图强，表达了作者对澳门被殖民经历的悲愤和对今天澳门崛起的赞叹之情。

（2）"唯一"只有一个的意思，这里表示强调，指出莲是世界上独一无二的花、果、种子共于一体的植物，突出了"莲"兼容并包的特性。

## 【红辣椒】

1.（1）阳光充足，气温高；

（2）中性或微酸性土；

（3）土层深厚肥沃，排水良好，挟带些沙子。

2.（1）辣椒让人活着多了滋味，是植物世界给予人间最现实、最热辣、最刺激的关怀。

（2）辣椒富含维生素 C 和胡萝卜素，可增加人的食量，增强体力，改善怕冷、冻伤、血管性头痛等症状，能促进呼吸道畅通，对咳嗽、感冒也有补助疗效。

（3）辣椒还能加速新陈代谢，促进荷尔蒙分泌，保健皮肤，可控制心脏病及冠状动脉硬化，降低胆固醇，加强肠胃蠕动，促进消化液分泌和胃黏膜的再生，防治胃溃疡，杀抑胃腹内的寄生虫。

（4）红辣椒能使单调的伙食出色，能驱寒祛湿、刺激食欲、振奋精神。

3. 引用加州大学的冉门教授的话是为了说明辣椒能促进呼吸道畅通，对咳嗽、感冒也有辅助疗效；讲喜食辣椒的省区，胃溃疡的发病率远低于其他省区的情况是为了说明辣椒能促进呼吸道畅通，对咳嗽、感冒也有辅助疗效。

## 【散文般的眉山水】

1. 示例：（1）在眉山能够行于所当行，止于所当止，随物赋形，这种境界如同散文水，能够更多地哺育人的文思。

（2）东坡湿地公园将"东坡""水月"交融，绿水光映，彰显东坡文化，而东坡最大的成就便是散文。

（3）眉山人写在山水间的"天人和美"如同一篇大散文。

（4）眉山水脉滋润、濡染了东坡的灵性，融入了东坡的意识，使东坡走出眉山后，无论走到何方，感时应物，皆能笔到"水"生，水韵灵动，走入中国文学，文濡乾坤……

（5）水，是散文的韵，也是散文的血脉！

2.天人合一：天是指天空、天道、自然大道等，多指人与道相合，即"天地与我并生，万物与我为一"的境界。

天人和美：是作者自创的词，在文中指人工去改造自然时，既体现了对自然的依恋，又不伤害自然，反而整合了自然，让自然美更集中、更升华、更进入天心美合一的大境界。

3.每个时代都有不一样的特色，写散文要结合时代特点，融入新的元素，在科技时代，散文写作可以融入科学元素，让文章更加真实、深刻，体现出时代的特点。

# 【踏青记】

1.示例：（1）随着北半球的日照增强，北方冷空气南下；（2）西南风挟海洋上的暖湿空气北上；（3）冷暖气流相遇，相持角力，暖湿气流中的水汽升腾，便成云雨；（4）云雨徘徊在南方，滴滴答答落出清明。

2.示例：扫墓、荡秋千、蹴鞠、打马球、插柳等。

3.作者引用王阳明这段话是想证明只有花美，人心也寂静、愉悦才能达到花在心间，即天人合一的境界，为提出"在这人间，踏青要真正进向天人合一的境界，真还是有大前提的，至少得有发展的春天，还得风清气正"的观点提供证据。

# 第四辑　微生灵笔记

## 【虹　影】

1. 童年：被美丽而神幻的虹所迷惑。

　　青年：总顾不上停歇脚步，仰头读虹。

　　中年：偶能读读虹，所读出的，恐也多是岁月的况味。

　　老年：人与虹，早疏离焉。

**解析：**此题考查的是学生文章的梳理能力。题干"联系文章的第一、二段，请分别概括说明作者在不同的人生阶段对虹的态度"，指明了答案搜索区域在一二段，而题下有"童年""青年""中年"和"老年"四个阶段词，放回原文中找到对应的阶段，再找出作者"对虹态度"的词句，即可提炼出答案。第一段第一句话是童年对虹的态度；第二段"及至青年，丰满的物事无止无息，人，总顾不上停歇脚步，仰头读虹""重负的中年即便偶能读读虹""老年时……人与虹，早疏离焉"，分别找出青年、中年和老年对虹的态度。

2. 虹的生命是短暂的。虹的产生与季节有关，虹的生命多斑斓在夏日雨水的天空，而干燥少雨和严寒多雪的季节就不能产生虹，要有阳光和雨幕两个条件才能产生虹。

**解析：**此题考查学生对句子含义的理解，要回答此题就必须先将句子放回原文，找到此句所在的段落，然后品读段落进行概括。"作为生命的虹，命运之路总是曲曲折折的"这句话是第⑥段的首句，起着总领本段的作用，因此本段几个句子通常会分别解说这句中所包含的内容。"命运之路曲曲折折"是说彩虹遇到很多困境，本段中的"虹的光明前途，只能是短暂的"一句可以提炼出彩虹的生命短暂，而"虹的生命多斑斓在夏日雨水的天空。这是因为夏季才多有雷雨或阵雨天气，这类雨范围不大，容易出现'东边日出西边雨，道是无晴却有晴'的景象，利于虹生。……空气干燥的冬季，雨少，阵雨更少，是不太可能出现'赤橙黄绿青蓝紫，谁持彩练当空舞'的。雪花纷飞时节，谁能见到虹？"等内容说明彩虹的产生与季节有紧密关系，不容易达成产生条件，然后简单解说一下即可。

3. 运用通感的手法。这里的"水"是指空中的雨滴，"火"指阳光，把视觉上看到的阳光照射雨滴，折射以及反射出各色色光，从而形成了"水""火"交合的"虹"化作听觉上的"交响"音乐，突出了虹七彩斑斓的特点。

**解析：** 此题考查修辞手法。"（虹）是天上水火相容的交响"这个句子从表层来看运用的是比喻的修辞，但仔细品读就会发现"水"是雨水，"火"是阳光，两者都是视觉上的景物，而"交响乐"是通过听觉捕捉的信息，所以是通感的手法。然后采用通感解题思路来答题即可。例如：采用通感的手法，把什么觉上的景物化作什么觉上的××，生动形象地突出了景物的××特点，使景物变得更加灵动。

4. 北岛的《姑娘》一诗，用彩虹比喻美丽的姑娘，作者巧妙引用此诗，把"姑娘"和"虹"合二为一，表现了虹的美丽可爱。陆龟蒙和毛泽东的诗句是喻"虹"为"桥"，引出对"虹"像"桥"的这一自然现象的说明，使文章生动形象，充满诗情画意。（意对即可）

**解析：** 此题考查引用修辞手法的把握情况。引用的答题思路是运用引用的修辞手法，引用某某的"……"，生动形象地写出或展现了……体现或表达了……增强了文章的文学性/说服力/感染力。其中"生动形象地写出或展现了……"要具体看该自然段在写什么。情感也根据内容进行品味。文中，作者引用诗人北岛《姑娘》中"颤动的虹/

采集飞鸟的花翎"是为了引出"姑娘与虹，大抵是皆有照人光彩，诗人才能当上月下老人，将她们红线联姻吧"这句话，所以生动形象地说明了虹像姑娘一样，体现了虹的美丽可爱。而陆龟蒙的"横截春流架虹桥"和毛泽东诗的"青山着意化为桥"，都是把虹比作桥，展现的是虹的形状特点。再结合语段内容，即可回答。

## 【病盆景】

1. 这个"你"指包含作者在内的所有人。采用第二人称，便于直接交流，吸引读者注意力，增强文章的感染力和抒情性。

2. 为了说明盆景中的植物在当今的人类社会没有希望摆脱被人类摧残的命运，表达了作者对盆景植物的悲悯之情。

3.（1）文章从科学的角度去解说相关的概念，因此充满了科学性；

（2）文章中运用了列数字、举例子、引资料等说明方法，且用词非常准确，体现了准确性和严密性的特点；

（3）文章运用了拟人、想象、比喻等修辞手法，体现了文学性、生动性的特点；

（4）文章语言具有感性美和理性美，在理性的哲思中，体现作者的情感，非常具有感染力。

## 【微生灵笔记】

1. 有同样生活习性的物种，绝不会在同一地方竞争同一生存空间，如果同居一个区域，则必有空间分割（或食物区隔），也就是说当弱者与强者处于同一生存空间时，弱者也自会有属自己的生存空间。

2.（1）运用了打比方和列数字的说明方法，将海里的水比作病毒森林，再加上"1000亿个"的具体数据，生动形象地说明人类身边环绕着无数的病毒，体现了说明文语言的生动性和准确性。

（2）运用了打比方和举例子的说明方法，把生物生存的区域比作"山头"，生物间的区域划分界限比作"楚河汉界"，再加上猫头鹰、狮虎、鹰、鱼等生物为例，形象地说明了生物之间具有分明的生存区域，能够保证物种的繁衍生息，体现了文章语言的生动性和趣味性。

3. 不能删除。"或许"是可能的意思，这里表示推测，即根据全球气温上升的情况，推测一些对人类有害的病毒已经"复活"，如果删除就太绝对了，不能体现文章语言的准确性和严谨性。

# 【肥 皂】

1.（1）肥皂中含有"亲油基"和"亲水基"。

（2）当肥皂遇到污渍时，"亲油基"进入油污，"亲水基"则摆脱油污而进入水中，油污内部有"亲油基"填充，外部有"亲水基"包围。

（3）手对衣物进行搓揉，加速"亲油基"和"亲水基"的运动速度，油污被分解成散状的细小珠滴，被漂洗殆尽，污渍被清除。

2. 示例："恶之花"指肥皂泡泡。这是化用波德莱尔的代表作《恶之花》来比喻肥皂泡泡，既突出了肥皂泡泡的美丽，又突出了肥皂泡泡能够分解污渍，带走污浊的用途，表达了作者对肥皂泡泡的赞美之情。

3. 示例：（1）我认为，肥皂象征勤劳、善良、默默无闻，但敢于和恶势力或污秽行为做斗争的人。（2）感想：每个时代都有许多像文中肥皂一样的人，他们充满正能量，敢于直面恶势力，敢于直面消极情绪，并且用自己的行为去惩罚恶势力，赶走消极情绪。作为学生，虽然我们没有和恶势力斗争的能力，但至少可以让自己保持正能量，远离负面情绪，远离负能量的人。

## 【绝种动物墓碑】

1. 这样开篇能够起到开篇点题，引起读者注意，突出动物灭种事态的严重性，为下文抒发主旨作铺垫。

2. 破坏沼泽、砍伐森林、破坏草地。

3. 灭绝动物墓碑林立的墓地更让人感到恐惧，因为触目惊心的动物墓碑说明野生动物灭绝的数量越来越多，表现了作者悲切的心情和对灭种动物的惋惜之情，同时也说明一旦生态平衡遭到不可调和的破坏时，人类将面临毁灭性的灾难。

## 【论嫉妒】

1. 示例：嫉妒与暗箭是人性的孪生毒瘤。

2. 示例：嫉妒源于心理攀比，假如与自己距离较近、境遇又相似之人，取得的成就或某方面优于自己，而此却正是自己在乎的，那么，心理的大厦顷刻就会失衡坍塌，漫生妒意。

3.（1）内向自虐，即自我伤害；（2）外向出击，因为难于自控，而使用卑下的手段去制造事端、流言中伤或陷害他人；（3）对个人、群体或社会造成伤害。

## 【鸣沙山·月牙泉】

1.（1）运用了列数字和打比方的手法，用"39.9毫米""2400毫米"两个准确的数字来说明敦煌的降雨量和蒸发量，再把敦煌比作嗷嗷求喝的一窝幼鸟，有力地突出了敦煌干燥的环境，体现了文章语言的生动性和准确性。

（2）示例：运用了比喻和拟人的修辞手法，把"月牙泉"比作"嫦娥弯弯秀眼"，展现了月牙泉的晶莹秀丽之美，而"长腿的、会流善动的沙山"则是使用拟人的方式，突出了沙山会移动的特点，进而说明了沙山很有可能填埋月牙泉的情况，体现了文章语言的生动性和形象性的特点。

2.（1）月牙泉之所以春夏秋冬一直清亮不竭，在于有流泉自下而上汩汩地不竭补充。（2）风总是以月牙泉为中心，沿坡面向鸣沙山坡顶吹去，大风挟带的流沙和月牙泉周围山坡上滑下的沙子，总能被风送到四面的沙山背上。

3.略。围绕"保护生态环境"来写即可。

## 【真实而迷幻的蒲公英】

1."真实而迷幻的蒲公英"一方面写出了蒲公英是平凡、弱小的草本植物这一真实性，另一方面突出了蒲公英神奇的播种方式以及各种精神内涵和令人惊叹的各种价值等，体现了作者对蒲公英的赞叹之情。

2.运用了列数字、摹状貌、打比方、引资料等说明方法。

例如：在写蒲公英叶片时，文章写到"叶片宽厚，长4~20厘米，宽1~5厘米"，用具体的数字说明了叶片的宽度和厚度，使读者对其认识更加清晰具体，突出了文章语言的准确性。

3.示例：（1）作为菊科多年生草本植物，真还谈不上伟岸，但却是大地独具个性的小棉袄，如同普林尼说过的那样，自然中最渺小的事物最卓越。

（2）如此不对命运低头、艰辛而本色的蒲公英，一直取超然姿势，以自己的悲悯和对尘世的理解，背负使命，身体力行，力促生态平衡。

（3）其种子的飞扬，本质是"飘远"，真实含散发之风，至于药效的散结、消炎和去肿，不一样在指示张合、敛散之象吗？

# — 中高考热点作家 —

## 中考热点作家

| 序 号 | 作 者 | 作 品 |
|---|---|---|
| 1 | 蒋建伟 | 水墨色的麦浪 |
| 2 | 刘成章 | 安塞腰鼓 |
| 3 | 彭 程 | 招 手 |
| 4 | 秦 岭 | 从时光里归来 |
| 5 | 沈俊峰 | 让时光朴素 |
| 6 | 杜卫东 | 明天不封阳台 |
| 7 | 王若冰 | 山水课 |
| 8 | 杨文丰 | 自然课堂——科学视角与绿色之美 |
| 9 | 张行健 | 阳光切入麦穗 |
| 10 | 张庆和 | 峭壁上，那棵酸枣树 |

## 高考热点作家

| 序 号 | 作 者 | 作 品 |
|---|---|---|
| 1 | 王剑冰 | 绝版的周庄 |
| 2 | 高亚平 | 躲在季节里的村庄 |
| 3 | 乔忠延 | 春色第一枝 |
| 4 | 王必胜 | 写好你心中的风景 |
| 5 | 薛林荣 | 西魏的微笑 |
| 6 | 杨海蒂 | 北面山河 |
| 7 | 杨献平 | 人生如梦，有爱同行 |
| 8 | 朱 鸿 | 辋川尚静 |